NONGYE KEJI
LINGJUN RENCAI CHENGZHANG DE
YINGXIANG YINSU YANJIU

李厥桐 等 ◎ 著

农业科技领军人才成长的影响因素研究

——以全国农业科研杰出人才为例

中国农业出版社
北 京

著 者 名 单

李厥桐　鲍华伟　陈英义　魏　政　王　赟　王丽萍

————————

　　赢得国际竞争，核心是实现科技自立自强，关键在顶尖科技人才。确保国家粮食安全，解决好种子和耕地等关键问题，突破核心种源培育等"卡脖子"技术，关键要有一支国际一流的农业科技领军人才队伍。当前，我国农业科技领军人才队伍建设取得了积极成效，为农业科技进步和产业发展做出了显著贡献，但与中央对强化国家战略科技力量的要求相比，与加快农业农村现代化需求相比，还存在一些问题。因此，了解农业科技领军人才成长的影响因素，对于推进农业科技领军人才队伍建设、打造我国农业核心战略科技力量具有重要意义。

　　基于此，本书运用人力资本理论、唯物辩证法内外因辩证关系原理、需求层次理论等，采用文献分析、问卷调查、调研访谈、层次分析、主成分因子分析等方法，对农业科技领军人才成长的影响因素进行了全面分析和探索。通过研究，科学界定了我国农业科技领军人才的内涵与特征，分析了我国农业科技领军人才队伍发展现状、存在的问题及原因，构建了农业科技领军人才样本库，总结了我国农业科技领军人才的群体特征，划分了农业科技领军人才成长经历，分析了素质形成阶段、创造性科研实践阶段所具备的主要特征及其关键影响因素；从内在因素、成长环境角度分别对我国农业科技领军人才成长的影响机制进行了理论分析，提出了我国农业科技领军人才成长的影响因素结构，建立了我国农业科技领军人才综合评价系统，查找出影响我国农业科技领军人才成长的关键因素，分析了关键因素对成长目标变量的影响程度，提出了我国农业科技领军人才队伍建设重点内容和政策建议。

本书的研究结果对于培养农业科技领军人才、完善农业科技领军人才管理服务，具有重要的理论和实践意义。由于人才成长是一个漫长的过程，不仅要注重人才成长的主要影响因素，并运用好人才综合评价结果，还要系统谋划队伍建设的重点以及培养、评价、流动、激励等体制机制改革"组合拳"，推动农业科技领军人才队伍建设，打造农业核心战略科技力量。

由于著者时间和水平有限，书中难免存在疏漏，敬请广大读者批评指正。

著　者

2021 年 3 月

目录

前言

1 绪论

1.1 研究背景

人才是创新的根基，是创新的核心要素，谁拥有了一流创新人才和一流科学家，谁就能在科技创新中占据优势和主导权[1]。2019 年习近平总书记在给全国涉农高校的书记校长和专家代表的回信中指出，农业农村现代化关键在科技、在人才[2]。在 2020 年中央经济工作会议上，习近平总书记指出要强化国家战略科技力量[3]。纵观国内外，综合国力的竞争，关键是人才的竞争。加强对高层次科技人才的吸引、加快提升国际人才竞争力成为我国掌握未来发展主动权的关键。近 15 年来，美国硅谷吸引了 10 多万名外国移民。英国在 2020 年 7 月提出设立"国家人才办公室"，设立 3 亿英镑基金支持各类研发机构，开放了无限额的"全球人才签证"，推出超常规的人才新政，大力延揽全球最优秀的科学家、研究人员和企业家。人才竞争根本上又是制度的竞争，除了引进人才、留住人才等制度吸引人才之外，自主培养"四个面向"（面向世界科技前沿、面向经济主战场、面向国家重大需求、面向人民生命健康）的领军人才是当前的重要工作。

近年来，党中央出台了《中共中央关于深化人才发展体制机制改革的意见》（中发〔2016〕9号）等一系列推动人才发展体制机制改革的政策措施，为科技人才队伍建设注入强大动能[4]。我国农业科技领军人才队伍建设已取得积极成效，为农业科技进步和产业发展做出了显著贡献。2020年，我国农业科技贡献率为60%，农业科技已成为农业农村经济增长最重要的驱动力。在2020年中央农村工作会议上，习近平总书记发出全面推进乡村振兴的动员令[5]。2021年2月，中共中央办公厅、国务院办公厅印发了《关于加快推进乡村人才振兴的意见》，其中，专门针对科技领军人才建设，提出了国家重大人才工程、人才专项优先支持农业农村领域，推进农业农村科研杰出人才培养，加快培育一批高科技领军人才和团队[6]。

与中央对强化国家战略科技力量的要求相比，与加快农业农村现代化需求相比，与农业农村优先发展的要求相比，农业科技领军人才队伍还存在一些问题，体现在总量不足、国际影响不足、青年人才储备不足、培养体系不完善等方面。

农业科研具有周期性长、公益性强的特点，前沿基础性研究与应用技术研究并举，农业科研人才成长受农业产业特点、农业科研特点的影响，其成长规律有其特殊性。更好地吸引、培养、用好农业科技领军人，才已成为全面推进乡村振兴工作的重要组成部分。因此，摸清农业科技领军人才的成长规律，并运用科学合理有效的评价机制、激励机制，创新农业科研和人才管理的体制机制，充分发挥领军人才的作用，强化农业核心战略科技力量，提升农业科技人才队伍整体实力，为全面推进乡村振兴、加快农业农村现代化提供强有力的人才支撑，已经成为当前我国农业科技发展中面临的重要课题。

1.2　研究目的与意义

1.2.1　研究目的

本研究从人才成长影响因素的视角，对我国农业科技领军人才进行研究，科学界定我国农业科技领军人才的内涵与特征，分析我国农业科技领军人才队伍发展现状、存在的问题及原因，总结我国农业科技领军人才的群体特征，划分并分析农业科技领军人才成长阶段，对我国农业科技领军人才成长的影响机制开展理论分析，提出我国农业科技领军人才成长的影响因素结构，建立我国农业科技领军人才综合评价系统，查找出影响我国农业科技领军人才成长的关键因素，分析关键因素对成长目标变量的影响程度，提出我国农业科技领军人才队伍建设的重点内容和政策建议，旨在打造国际一流、引领创新的农业核心战略科技力量，为乡村振兴发展大局提供支撑。

1.2.2　研究意义

（1）理论意义

目前专门针对农业科技领军人才的研究还处在初步阶段，大多数研究聚焦于笼统的科技人才，而农业科技领军人才具有农业行业领域的特殊性，其成长的影响因素也有特殊性，本研究将科技人才的范围更加聚焦，揭示农业科技领军人才成长规律，为我国科技领军人才尤其是农业领域科技领军人才的研究提供借鉴。

（2）现实意义

本研究分析了我国农业科技领军人才队伍发展现状、存在的问题及原因，总结了我国农业科技领军人才的群体特征，建立了我国农业科技领军人才综合评价系统，提出了我国农业科技领军人才队伍建设重点和政策建议，为我国农业科技领军人才队伍建设中的遴选、培育、政策保障、评估等提供借鉴，对国家有关部门完善农业科技领军人才管理服务及农业科技领军人才自身成长具有一定的实践指导意义。

1.3 研究现状综述

科技人才的成长一直是学术界备受关注的研究问题，国内外学者对以诺贝尔奖获得者、中国科学院院士、中国工程院院士、国家杰出青年科学基金获得者（以下简称"杰出青年"）、"长江学者奖励计划"获得者（以下简称"长江学者"）等为代表的科技人才进行了相关研究，既有比较研究，也有对本国科学家共同体的专门研究。

从研究科技人才的文献看，上述研究主要从群体特征、成长规律、成长经历、综合评价以及影响因素等角度进行分析。

1.3.1 科技人才群体特征相关研究

学者们针对某类科技人才群体的共同特征，从年龄、专业、工作单位、人才荣誉、学历、学习经历以及出生地域等方面进行系统分析，其结果有助于发现某类科技人才的群体特点、成长规律。

徐飞、李玉红（2001）以 676 名中国当代科学家为分析样本，对他们的年龄结构、学成年龄、学位结构、出生地域以及留学状况进行统计，发现科学家普遍老龄化，科学家出生地域不平衡等问题[7]。吴殿廷等（2005）以 2002 年以前评选出的 800 多名中国科学院院士和 600 多名中国工程院院士为分析样本，对比分析差异性，发现院士的出生地主要在江浙等经济发达地区；北方和内陆地区的中国工程院院士的比例明显高于中国科学院院士的比例；中国科学院院士留学的比例更高一些[8]。徐飞、卜晓勇（2006）以截至

2003 年底的 1 026 名中国科学院院士为分析样本，对其出生地域、学历结构、留学状况、年龄分布和不同时期的当选平均年龄等进行了计量研究，并与诺贝尔奖获奖者进行了比较。结果发现，中国科学院院士的地域分布不均匀，出生地集中分布状况也有分化的趋势；中国科学院院士中具有博士学位的比例正在逐步上升；当选的院士平均年龄比诺贝尔获奖者的平均年龄高出 4～5 岁；不同时期的中国科技界精英除具有中国科学家的共性之外，还各具鲜明的时代特征[9]。陶爱民（2009）以 783 位中国工程院院士为样本展开研究，发现院士的出生地在各省市之间分布极不平衡，主要集中在经济发达、自然资源丰富的省市；北京为院士首选工作地；在当选中国工程院院士时的年龄分布中，51～70 岁人数最多；女性院士总量与男性院士总量相距甚远，但学历均较高，且主要集中分布在医药卫生学部等与生命科学相关的领域[10]。陈晓剑等（2011）以 2003—2007 年间"973"计划项目的 227 位首席科学家为研究对象，发现其群体的基本特征为：位于科学发现最佳年龄区 25～45 岁的首席科学家占比为 44.6%，当选首席科学家时的平均年龄为 49 岁；88% 的首席科学家拥有博士学位，11% 最高学位为硕士，仅有不到 1% 的首席科学家为本科学历；84% 的首席科学家拥有国际教育背景，其中 52% 的首席科学家有国外留学经历，其余均有超过 6 个月的国外访问学习研究经历；51% 的首席科学家依托的是国家级重点实验室（包括国家实验室、国家重点实验室、国家工程中心等），13% 是省部级重点实验室；首席科学家的所在单位，高校占 54%，中国科学院占 24%，其余均为其他企事业研究机构；近 72% 的首席科学家在北京、上海、南京、西安、武汉等中国科教中心城市工作，其中在北京工作的占到了 45%；专业背景方面，农学、信息、资源环境、重要科学前沿各占 10%，能源、材料各占 12%，人口健康、综合交叉各占 18%[11]。张陆、王研（2012）以第十二届中国青年科技奖 100 位获奖者为研究对象，对其个人特征、教育背景、工作单位、地域分布、获国家奖励及重大人才培养计划等基本信息进行统计分析，发现了我国青年科技人才成长中的一些基本特征，比如以男性为主，科研活跃期集中在36~40岁，女性比同龄男性科研事业发展延后5年左右，主要集中在经济发达和教育科研资源丰富的地区，注重交流与合作，在科技创新团体中担任学科带头人或主要负责人[12]。田起宏等（2012）以2003—2011年间1589位"杰出青年"为研究对象，发现群体特征为：人数随年龄增加而增加，45岁到达高峰；男性占91.3%；毕业院校以"985""211"为主；从博士到获得"杰出青年"平均需要10.96年[13]。赵伟等（2012）以1994—2008年信息科学领域220位"杰出青年"为研究对象，发现这些人才的群体特征包括：获得"杰出青年"的年龄在36~45岁的占75%；216位博士学位，海外经历174人（占79%）；地区分布主要为北京、上海、江苏、浙江、陕西，其中北京91人；连贯性教育"本科—工作—硕士—博士"的模式最多（95人，占44%）；"本硕博两个单位"的模式最多（113人，占52.3%）；本科院校最多的是"985"高校（151人），其次是普通高校（35人），"211"高校最少（30人），但是普通高校"杰出青年"的成长时间为8.94年，比"985"的9.10年和"211"的9.17年均要短[14]。牛珩等（2012）以第1~7批"长江学者"1130人、1994—2008年的"杰出青年"2030人以及1994—2006的"百人计划"1569人为研究对象，发现其群体的基本特征为入选年龄普遍偏高，并呈逐渐上升趋势；"长江学者"的入选平均年龄从40岁升到44岁，"杰出青年"的入选平均年龄从37岁升到42岁；出生地基本上是在东部沿海地区，特别是江苏和浙江很明显；入选"百人计划"女性占比7%，"杰出青年"女性占比6%，"长江学者"女性占比4%；在国外做访问学者的占比最高，占有留学经历总数的比例超过了70%；在美国获得学位的比例较高，"长江学者"在美国获得学位的人数接近具有留学经历"长江学者"的一半，"百人计划"和"杰出青年"在美国获得学位的人数比例也远超其他国家[15]。王春法等（2013）将"两院"院士、"长江学者""百人计划"入选者和"杰出青年"作为研究样本，对其结构特征进行了描述分析，发现这些群体年龄结构偏大，比如"长江学者"入选时平均年龄由40岁上升至44岁，"百人计划"入选者平均年龄由36岁上升至39岁，"杰出青年"当选者平均年龄由38岁上升至42岁；女性在以上群体中占比均低于8%。马太效应明显，比如在1130名"长江学者"中，有509人也获得了"杰出青年"，占总数的45%；在2030名"杰出青年"中，有568人也入选了"百人计划"，占总数的28%；在1569名"百人计划"入选者中，有37%获得"杰出青年"。女性科学家占少数，在"长江学者"中，女性占4%；在"杰出青年"中，女性占6%[16]。张烨（2016）研究了1994—2013年管理学部91位"杰出青年"的学术成长特征。群体的基本特征是：年龄区间34~45，平均年龄40.7岁，45周岁比例最大（16%），平均年龄有上升趋势；女性占比11%，但平均年龄为40.4岁，比男性小；籍贯前三名是江苏、安徽、江西；正高职称占78%；第一学历中，"985"占47%，"211"占19%，无国外高校；最高学历中大陆高校占48%，大陆研究所占17%，国外高校占31%；留学经历比例高（64%）；名师指导方面，62位导师中有8位是院士，3位是"长江学者"，4位是领域的创建人；本科毕业起成长周期为18.5年（换算成博士起为13.5年）；依托单位层次高，普通高校仅2人；工作流动性低，人均变动单位1.2次；行政职务占比高（84%）；人才关联性方面，37位"杰出青年"也是"长江学者"，其中33位是先获得"杰出青年"，平均时间间隔5.6年[17]。尹志欣、谢荣艳（2017）以《汤森路透2015高被引科学家名录》为基础，分析我国顶尖科技人才现状及特征，发现我国顶尖科学人才总量连续两年进入前4位，且与第3位差距不大；14个学科已经拥有顶尖人才，1/3学科还属空白；40~55岁顶尖科学人才占60%以上；一半以上顶尖科学人才具有海外学习工作经历；来自企业的顶尖科学人才只占 3%，均来自生物领域；成才周期约为 28.8 年；多学科合作型人才更容易成为顶尖人才。在此基础上，作者分析研究了顶尖科学人才的"学术产量"与"学术质量"，并提出了对策建议[18]。孟洪、李仕宝（2020）针对 2010—2017 年全国农业科技人才变化情况，对其地域、专业、学历结构等进行统计分析，发现我国东部的人才集聚具有明显优势，但学历结构分层仍有待改善等；探讨了农业科技人才培养存在的问题，提出了优化人才培养机制、创新人才教育培养模式、大力发展交叉农业学科、完善人才培养体系等对策和建议[19]。于大伟（2019）以中国农业科学院青年科技人才为分析样本，从队伍规模、年龄、职称、学科分布角度分析了队伍现状，发现总量相对偏少，高级职称的青年科技人才比例偏低；学科分布不均衡，从事基础研究和应用基础研究的占绝大多数，比例超过 80%，从事应用研究和技术开发等的青年科技人才少，研究方向主要集中于作物、畜牧、兽医、资源与环境等 4 个传统优势学科，园艺、工程与机械、质量安全与加工、信息与经济等学科的青年科技人才数量严重不足[20]。

综上文献可以看出，我国科技人才群体共同的特征主要有：①关于教育背景，几乎所有的研究都认同，求学名校，师从名师，拥有较高的学历、国外求学或工作经历与成才密切相关。②关于家庭背景，多数研究表明科技领军人才的成长与良好的出身和优秀的家庭学习关系密切。③关于地域和单位，主要来自北京、上海、江苏、浙江、湖北（武汉）、陕西（西安）等经济、文化和教育发达地区，尤其是北京所占比例最高。④关于成才年龄，45周岁的比例较大，平均年龄有上升趋势。⑤关于成长周期，从博士毕业开始算，不同领域不同时期不尽相同，一般在 9~12 年，比西方国家人才成长周期更长。⑥关于性别，女性比例非常小。⑦单位流动性，流动性较低。⑧动力特征，主要是个人兴趣和爱国情怀。

以上从科技人才群体特征角度的文献分析，对本研究开展我国农业科技领军人才研究有着较大的借鉴意义，至于农业科技领军人才是否和其他行业的科技领军人才一样都有以上共同特征，还是说农业科技领军人才有着行业的特殊性，本研究第 6 章将重点予以分析研究。

1.3.2 科技人才成长规律相关研究

王通讯（2006）从人才学的角度全面总结了人才成长的 8 个规律，概括为：师承效应规律、扬长避短规律、最佳年龄规律、马太效应规律、期望效应规律、共生效应规律、累积效应规律、综合效应规律[21]。本研究梳理已有关于科技领军人才成长规律的研究文献，主要从人才成长的关键年龄、人才本身的素质结构、优势积累规律、团队效应规律以及师承效应规律 5 个角度来探析科技领军人才是如何成长的。

(1) 基于人才成长周期的关键年龄研究

莱曼（Lehman，1953）最早探索年龄与成就达成之间的关系，对哲学家、医生、艺术家、音乐家、科学家等不同专业的人开展研究，发现他们30 岁左右时工作能力表现优异。曼尼切（Manniche，1957）对 1901—1950年间 164 位诺贝尔奖获得者开展研究，发现产生得奖成果的平均年龄为：化学家 38.3 岁，医学家 41.9 岁，物理学家 35.4 岁。赵红洲（1984）对1500—1960 年全世界 1 928 项重大科学成果进行统计分析，发现科学家31～40 岁期间产出的科学成果最多[22]。白春礼（2007）对 391 名中国科学院杰出科技人才成长进行了专门研究，发现 36～40 岁期间取得成果较多，索引论文数量达到高峰[23]。宋焕斌和石瑛(2008)对 20 世纪的诺贝尔奖获得者按学科进行年龄统计发现：164 位诺贝尔物理学奖获得者中 36～65 岁为获奖者年龄段，其中 46～50 岁较多；136 位诺贝尔化学奖获得者中，41～70 岁获得者年龄段，其中 51～55 岁较多；174 位诺贝尔生理学或医学奖获得者中，41～70 岁为获奖者年龄段，其中 61～65 岁较多[24]。刘云（2013）对 50

年来 266 名获得诺贝尔获奖者的最佳创造年来分析发现，最佳创造的平均年龄为 38.3 岁，其中物理 36.1 岁、化学 39.7 岁、生理学或医学 39.4 岁[25]。

（2）基于人才本身素质结构的成长规律

此类研究着眼于科技人才品质、知识、创新等素质的角度，研究人才成长具备的素质特征。

国外研究方面。吉尔福特（1993）认为，人才的创新素质特征均在以下方面表现优异：对问题的敏感性、表达流畅性、独创性、分析能力、综合能力、发现或改组新定义的能力、思维的洞察力。[26]Amabile 等（1996）认为，人才的创新素质主要包括：实际知识、专门技能、该领域的特殊天赋[27]。斯坦伯格等（1996）从心理学角度，提出人才共有的心理特点：忍受挫折的能力、克服障碍的意志、承担风险的魄力、较强的自信心[28]。Lloyd（1999）通过调查研究 500 多名科学家，发现他们具有的主要素质包括：极强的创造力、喜欢独立思考、永不满足的好奇心、能严格控制自己、对社会做出较大的贡献、有批判怀疑精神[29]。Kneller（1999）提出创新型人才包括以下特征：智慧、观察、新观念、变通性、独创性、精致性、怀疑、持久性、率真与顽皮、幽默感、独立性、自信心[30]。

国内研究方面。杨名声（2002）认为创新人才具备的素质特征包括：创新的意识、思维、知识、能力和人格；较强的学习能力、信息能力、研究能力和操作能力；健全的人格和良好的心理素质，具有敢于怀疑、敢于批判、敢于冒险的科学精神[31]。郑其绪等（2006）认为，创新人才具有以下三种素质特征：强烈的创新意识、足够的知识、健康的身心[32]。王树祥（2006）认为创新人才具有以下三种素质特征：创新知识和技能、强烈的创造意识和创造激情、富有探索精神[33]。韩文玲等（2011）认为科技领军人才的素质特征包括：学科带头人、较强沟通协调能力、年富力强、具有跨学科的融合性学习能力、有较高的文化艺术修养、有"十年磨一剑"的毅力[34]。符纪竹（2019）认为科技领军人才具有三类素质特质：个人品质、思维特质和团队领导力。其中，在个人品质层面，包括具有坚忍不拔的品质、认真严谨的治学态度和伟大的理想目标；在思维特质层面，包括具有创新与实践精神、前瞻性的战略思维与眼光以及服务、分享意识；在团队领导力层面，包括具有促进团队协作精神和培养团队成员成长的作用[35]。

（3）基于优势积累规律研究

国外研究方面。美国科学社会学者朱克曼（1979）以 1901—1972 年美国 92 名诺贝尔奖获得者为研究对象，研究其成长的一般规律，认为诺贝尔奖获得者成长过程的一般特征是良好的社会经济出身与优秀的家庭学习传统、求学名校和师从名师以及成长过程中的优势积累等[36]。

国内研究方面。王荣德（2000）提出拥有杰出科学家、诺贝尔奖科学大师的单位很容易吸引一大批年青的杰出人才。美国 6 所著名大学培养出了22％的物理学和生物学方面的博士，获得诺贝尔奖的博士中，有 69％是这几所大学培养出来的。不仅如此，美国 12 所著名大学有着很好的机会得以很早发现并聘请才华非凡的科学人才，这些大学拥有 70％的诺贝尔奖获得者[37]。曹聪（2004）对 1955—2001 年当选的 970 名中国科学院院士的成长规律进行了深入研究，发现老一辈中国科技精英的成长过程表现出一些与美国诺贝尔奖获得者类似的特征，比如良好的社会经济出身与优秀的家庭学习传统、求学名校、师从名师等[38]。安菁（2005）认为，人才成长速度与自身优势积累的程度呈正相关，知识传承、团队协作、高水平科研人员区域集聚以及科研时间积累是科技人才优势积累的四种主要途径，在相关研究领域进行 5～10 年的积累是多数科技人才取得较大成绩的基础[39]。

（4）基于师承效应规律研究

叶忠海（1983）分析了德国化学家威廉·奥斯特瓦德与其徒弟之间的相互影响。奥斯特瓦尔德于 1909 年获诺贝尔奖，之后，他培养了德国物理化学家瓦尔特·内恩斯特，使他于 1920 年获诺贝尔奖；而内恩斯特又协助培养了美国的物理学家罗伯特·米利肯，使他于 1923 年获诺贝尔奖；而米利肯又培养了卡尔·安德森，使他于 1936 年获诺贝尔奖；安德森又协助培养了唐纳德·格拉塞，使他于 1960 年获诺贝尔奖[40]。王荣德（2000）分析研究发现，1906 年诺贝尔物理学奖获得者汤姆逊的学生中有卢瑟福、布拉格父子等 7 人获诺贝尔奖，1908 年诺贝尔化学奖获得者卢瑟福的学生和助手中有鲍威尔、哈恩、N·玻尔等 12 人获诺贝尔奖，1922 年诺贝尔物理学奖获得者 N·玻尔的手下有海森堡、泡利、朗道等 8 人获奖，1938 年诺贝尔物理学奖获得者费米手下有杨振宁、李政道等 5 人获诺贝尔奖[37]。马建光（2010）对 20 多名"两弹一星"科技专家成长规律进行分析，发现这些科技精英的导师全是国内外科技界顶尖人才，他们或多人师从同一个导师，或师生共同研制"两弹一星"[41]。

（5）基于团队效应规律研究

著名的哥本哈根大学理论物理研究所，在该所成立后的最初 10 年里，就有 17 个国家 63 名学者到该所做访问学者或从事研究工作，仅后来获得诺贝尔自然科学奖的就有 12 人。有研究表明，高层次创新型科技人才必须有团队的支持，因为科研人员在团队中能够充分发挥自己的潜能，团队成员之间的价值趋同，使他们将个人的努力方向和团队的共同目标统一起来，通过建立团队竞争与合作机制来实现这一共同目标[42]。

1.3.3 科技人才成长经历相关研究

学者们着眼于人才的生命周期，按照纵向时间，依据不同时期所对应的人才特点、取得成果等因素，将人才成长划分为不同阶段。

刘云（2003）对 500 多名创新型人才进行问卷调查进而开展系统研究，将创新型人才成长经历划分为：基础教育阶段（小学、初中、高中）、高等教育阶段、职业生涯阶段[25]。刘少雪（2009）将本科教育作为科技领军人才的素质养成阶段，将研究生教育作为科技领军人才的专业能力形成阶段，将从获得最高学位到晋升正高职称作为科技领军人才的创新能力激发阶段，将从正高职称到取得科研突破成果或在国内外产生重大影响时期作为科技领军人才的定型阶段[43]。郭新艳（2007）将科技人才成长分为孕育期、成长期、成熟期、全盛期四个阶段[44]。段庆锋、汪雪峰（2011）基于科研项目资助情况，研究发现我国科学人才成长呈现约以 5 年为周期的学术生涯跃迁模式，经历了初始期、成长期和成熟期，科研人员在 50 岁左右时科研项目资助数量增长达到顶峰[45]。林崇德、胡卫平（2012）将拔尖创新人才的成长过程分为自我探索期、集中训练期、才华展露与领域定向期、创造期、创造后期[46]。田起宏等（2010）将创新型人才的成长过程概括为求学期和实践期两大阶段[47]。王路璐（2010）将企业创新型科技人才的成长经历划分为四个阶段：进入、发展、成熟和衰退[48]。姜璐等（2018）以 2017 年 4 月 1 日教育部网站官方公布的 2016 年"长江学者奖励计划"青年学者 229 人为研究对象，将拔尖创新学术人才的成长周期划分为"本—硕—博"阶段与学术职业发展期阶段[49]。

基于前人研究，结合教育实践、职称制度、科技奖励制度、人才计划和农业科技工作实际，本研究将农业科技领军人才成长经历划分为三个阶段：人才素质形成阶段、创造性科研实践阶段、社会（行业）承认阶段。本研究第 7 章将予以重点分析研究。

1.3.4　科技人才综合评价相关研究

从现有相关科技人才评价研究文献看，大部分学者主要围绕评价指标和评价方法开展研究。

在评价指标研究方面，易经章等（2003）从思想素质结构、业务素质结构、绩效结构三个方面，构建设计了科技人才评价考核指标体系[50]。胥效文（2003）以航空科技人才评价为研究对象，建立了包括基本素质、学术研究水平、业绩贡献水平的三级评价指标体系[51]。安菁（2005）以500多名烟草产业专业技术人才为样本，构建了烟草产业专业技术人才评价的指标体系，其中一级指标包括科研业绩、科技/人才计划资助、科技奖励；二级指标包括专利申请与授权数、重要成果应用（项）、主持科研项目数、获得基金资助（项）、获得计划支持（项）、获得国家科技奖励数、获得行业科技奖励数、参与科研项目、获得专项基金等[39]。牛斌（2011）初步构建了青年科技人才评价选拔指标体系，将智能素质、业绩水平、学术水平、道德素质四个基本维度作为一级指标的四个基本维度[52]。赵伟等（2013）提出创新型科技人才评价冰山模型，将创新知识、创新技能、影响力、创新能力、创新动力、管理能力作为一级指标[53]。陈苏超（2014）以山西省高层次创新型科技人才为研究样本，构建了高层次创新型科技才评价体系，包括知识层次、创新水平、社会贡献、综合能力等四项二级指标，三级指标包括学历、职称、留学经历、外语水平、思维能力、预见能力、钻研精神、知识变通、沟通能力、应变能力、领导能力、团队合作、抗压能力、承担科研项目、科研经费、专利、发表论文、获奖情况等[54]。贾连奇等（2015）结合中国农业科学院、中国水产科学研究院、中国热带农业科学院的工作实际，构建农业科技创新团队绩效评价指标体系，评价指标分为能力指标、行为指标、业绩指标和附加指标4项一级指标，19项二级指标，以及47项三级指标[55]。王仕龙（2017）考虑了农业科研工作的特殊性，研究设计了农业科研机构青年人才创新潜力的评价指标体系，将知识、能力、业绩、品德和条件保障作为一级指标[56]。

在评价方法研究方面，李思宏等（2007）将科技人才评价方法可以大致分为同行评议、文献计量分析、经济分析法、综合评价方法和人才测评方法。实践中，以同行评议法和文献计量方法为主[57]。Gina 等（1994）指出人才评价具有模糊性，建议用采用模糊综合评判法评价科技人才[58]。Browne（2001）主张利用数据分析进行定量评价，在归类数据基础上开展分析，最终确定最优的数据评价方法[59]。Liang 等（2001）使用模糊层次分析法对人才进行评价，在应用过程中将德尔菲法和问卷调查法等方法综合使用[60]。Wang 等（2005）利用灰色系统理论、层次分析方法，对企业科技人才开发的水平进行了评价[61]。Yan 等（2006）认为精确的定量分析对人才评价具有重要意义，建立了一套人才评价指标体系，并对其科学性、准确性、实用性进行了验证[62]。Liu 等（2006）将三角函数运用到人才评价模型中，并且将二者有机结合起来进行权重计算[63]。王松梅等（2005）分析了我国科技人才评价中存在的问题，提出应建立并完善参与同行评议专家的专家库，随机抽签产生评审专家，采取背靠背双盲评议法[64]。王媛等（2007）认为旧的传统线性人才评价方法存在许多不确定性，为了评价的精确量化，需要综合应用模糊思想理论与神经网络理论，设计多层次评价指标体系[65]。韩瑜等（2010）应用德尔菲法，建立了省属高校拔尖创新人才评价指标体系，应用层次分析法对各指标权重进行了计算，并应用模糊综合评价为主模型的方法进行了实证研究[66]。张晓娟（2013）构建出产业导向的科技人才三级评价指标体系，运用层次分析法确定科技人才评价指标权重，并通过236 份有效问卷对产业导向的科技人才进行定量评价，实证检验了科技人才评价体系的科学性[67]。彭蕾（2014）提出不同等级的科技人才所具备的科研能力和水平存在一定的差异，根据不同层次开展纵向评价；横向上，对同一层次不同领域内的科技人才进行分类评价[68]。

本研究第 6 章将重点予以分析研究，将德尔菲法、层次分析法融合，建立了我国农业科技领军人才个体综合评价体系。

1.3.5 科技人才成长的影响因素相关研究

学者们采用统计分析法以及文献分析法归纳总结得出科技人才成长的影响因素。王军等（2000）对古今中外657位著名学者的成才规律进行了系统的统计分析，发现影响其成长的内在因素主要有专业兴趣、崇尚理性、热爱真理、求知欲强、强烈的成就感、实践行为能力、掌握发达文明的语言、良好的个人因素（记忆力、好奇心、创新欲望），影响其成长的外在因素主要有国家综合实力、信仰自由、富于活力的学术团体、学校、良师、家庭出身与环境[69]。吴殿廷等（2003）对1 474名"两院院士"进行了系统的统计分析，发现影响其成长的因素主要有：籍贯地的经济发展水平、家庭教育、导师影响、大学以上教育[70]。易学明（2009）针对医学人才开展研究，发现影响其成长的因素主要有科技素质与专业素质的结合、人文素质与文化素质的养成、心理个性与社会责任的融合、创新精神与应变能力的培植[71]。李和风（2007）以中国科学院青年科技人才为样本，从教育模式、社会发展环境角度对影响青年科技人才成长的因素开展了研究[72]。白新文等（2015）以519名入选中国科学院"百人计划"的研究员为样本，研究认为影响高层次青年人才成长效能的因素主要有个人主动性、归国适应和学术网络[73]。沈春光（2012）认为科技创新人才成长影响因素包括个人因素、教育因素、社会因素，其中，个人因素有崇高的理想与坚定的信念、较强的创新意识与创新精神、扎实的专业基础与广博的知识结构、团队协作精神与合作攻关的能力；教育因素有家庭教育、学校教育、社会教育；社会因素有观念、文化、学术氛围、人际关系[74]。李长萍（2002）认为影响创新人才成长的主要因素包括个性（情感、性格、耐挫能力）、教育（家庭教育、学校教育）、社会环境（观念、文化、学术氛围）[75]。王明杰（2010）从主客观角度对影响创新型人才成长研究，认为主观因素有个性发展、创新思维、创新激情、创新意志、团队合作；客观因素有传统思想、制度环境、教育环境、组织环境、网络环境[76]。缴旭等（2017）以中国农业科学院青年科技人才为例，认为影响青年农业科技人才成长外部环境制约因素有支撑条件、评价机制、使用机制、培训机制、激励机制、保障机制[77]。杨振锋（2014）认为制约农业科研人才成长的主要因素有教育质量、行政化、现有考核评价机制、财政保障[78]。刘芳（2011）以国家最高科学技术奖获得者为例，从内外因素的辩证关系角度，探究了科技领军人才成长的因素，其中，内在因素有品德因素、智能因素、体质因素，外在因素有家庭因素、教育因素、团队因素、社会因素[79]。

学者们采用计量分析法实证研究得出科技人才成长的影响因素。苏津津等（2013）通过对 118 名天津市科技领军人才进行问卷调查和访谈，采用因子分析、回归分析，总结出影响科技领军人才成长的关键因素有政府政策、工作环境、科研管理机制、教育、家庭[80]。安菁（2015）通过问卷调查表烟草产业创新人才成长的关键因素，并进一步运用因子分析法和结构方程模型法对影响因素进行探索性分析和验证性分析，总结归纳出产业创新人才成长的关键影响因素主要有行业创新人才评价制度、行业创新人才激励与奖励制度、行业创新文化氛围、行业创新人才的社会地位、行业良好的继续教育与专业培训、行业完善的科技项目管理制度和对完成科研项目所提供的良好服务[39]。王仕龙（2017）以中国农业科学院青年科技人才为例，通过问卷调查、层次分析和实证分析，解析出影响农业科研机构青年人才成长的内在和外部因素，内在因素主要有教育背景、内在需求与动机、工作价值观及科研道德，外部因素主要有社会制度和创新文化、管理体制机制、科研环境、科研支撑及福利待遇因素[81]。李欣等（2018）构建了科技人才发展环境影响因素的结构方程模型，认为科研环境、评价激励机制、人才流动体制机制、知识产权保护、创新文化环境对科技人才发展环境营造有正向显著影响；创新文化环境在科研环境、评价激励机制、知识产权保护与科技人才发展环境关系中起着部分中介作用；人才流动体制机制对科技人才发展环境的影响不受创新文化环境的影响[82]。

1.3.6 文献述评

综上所述，学界对科技领军人才的群体特征、成长规律、成长经历、综合评价等方面做了较为深入的研究，为本研究提供了较好的借鉴参考。然而已有研究仍然存在诸多不足之处，具体表现在如下方面：

首先，缺乏专门针对农业科技领军人才的研究。学者们多是从整个科技领军人才队伍层面分析，没有重视各行业的特点。例如，农业科研具有周期性长、公益性强的特点，前沿基础性研究与应用技术研究并举。在综合评价农业行业的科技领军人才时，评价指标体系如何才能体现农业行业科技领军人才的特点，哪些因素的权重更大些，这些非常关键。因此，聚焦农业行业，从综合评价和影响因素两个维度研究农业科技领军人才，对于填补现有关于农业科技领军人才研究的空白具有重要理论意义。

其次，研究样本数据主要来源于查阅已有资料，缺乏全面性。通过对相关文献的整理研究发现，在科技领军人才群体特征研究方面，学者们主要通过查阅资料方式，在样本的年龄、学历、性别、教育背景、家庭背景、地域、单位等方面开展研究，缺乏对科技领军人才群体特征关于能力表现的研究。这需要对研究样本开展深度问卷调查才可以得出。在科技领军人才成长经历方面，数据的来源多是对样本成长阶段的划分，缺少研究对象在每个阶段的具体成长情况。因此，本研究采用实名制填写调查问卷方式对样本进行深度研究。在群体特征方面，在调查样本基本情况基础上，深入调查了科研业绩情况，由此反映农业科技领军人才在创新能力、科研贡献等方面的特征。在成长经历方面，调查问卷涉及样本在青少年、大学、研究生、职业生涯等不同阶段的具体情况。

再次，缺乏对科技领军人才成长规律机理性分析研究。通过对相关文献的整理研究发现，学者们主要通过笼统性分析对科技领军人才成长规律进行归纳，说明影响领军人才成长的关键因素，简明介绍影响科技领军人才成长的内因、外因，但对于成长规律内部的机理分析不够深入。例如，各种因素分别对领军人才成长的作用、程度以及各种影响因素间的相互关系是什么，学界对于这些问题的研究较少。因此，对于上述问题的研究具有极为重要的理论意义。

最后，实证研究尚需进一步完善。近年来，国家的科技人才评价政策突出品德、能力、业绩和贡献评价导向，深入推动破除"SCI 至上"，强调破"四唯"（唯论文、唯职称、唯学历、唯奖项），加上农业科研的特殊性，决定了农业科技领军人才综合评价体系的复杂性。根据现有文献看，科技人才评价体系在选取指标时没有很好地体现突出"品德、能力、业绩和贡献"评价导向。农业科技领军人才综合评价体系的研究大多停留在构建评价体系方面，缺乏实证分析研究。在农业科技领军人才成长影响因素的研究方面，由于教育背景、个人素质、工作环境以及制度和创新文化均涉及不同指标，对成长影响的程度不同，因此采用回归分析方法较为合适，然而鲜有文献采用回归分析对上述问题进行研究。

2　相关概念与理论基础

2.1　相关概念的界定

2.1.1　科技人才

在科技指标统计方面国内外迄今尚没有"人才"方面的统一口径,"科技人才"既不同于宽泛的"科技人力资源"概念,也不单纯地限定于"科学家和工程师"。

1987 年《人才学辞典》指出,科技人才是指在社会科学技术劳动中,以自己较高的创造力、科学的探索精神,为科学技术发展和人类进步做出较大贡献的人[83]。1995 年,经济合作与发展组织(OECD)组织制定《科技人力资源手册》,将科技人才定义为:完成大专及以上文化程度教育的劳动者,实际从事或有潜力从事系统性科学和技术知识的产生、促进、传播和应用活动领域做出贡献的人[84]。汪群(1999)认为,科技人才是具有一定的专业知识和专门技能,在科学技术的创造、传播、应用和发展中做出积极贡献的人[85]。易经章(2003)认为,科技人才是经过高等院校培养,或经过专门训练的具有相当科研能力、某种专门知识和才学,能够以自己的科研成果为社会经济发展做出贡献的人[86]。贺德方(2005)认为,科技人才是拥有大学以上科技专业学历证书的人[87]。娄伟（2004）认为，科技人才是所有正式或非正式从事科技工作并能在其领域做出一定贡献的科技工作者[88]。张敏（2007）对科技人才内涵的核心要素归纳为：具有专门的知识或技能；从事科学和技术工作；有较强的创造力；对科学技术发展和人类进步做出较大贡献[89]。

综上所述，现有的研究文献主要是从人力资源、作用和贡献、学历等角度对科技人才的定义进行了阐述。笔者赞同《中国科技人才发展报告》中对科技人才的定义，即科技人才是指具有一定的专业知识或专门技能，从事创造性科学技术活动，对科学技术事业及经济社会发展做出贡献的劳动者[90]。

2.1.2　科技领军人才

科技领军人才几乎是我国特有的专用词汇，主要用于相关政策文件中，是一个典型的政策概念，没有一个相对稳定和清晰统一的判别标准，只有一些定性的描述。综合以往的研究文献，有很多关于"高层次人才""高精尖人才""创新型人才""杰出人才"等群体的研究，本研究着重针对"科技领军人才"介绍代表性观点。

蔡秀萍（2007）认为，在我国科技领军人才主要是指在自然科学、社会科学和科技型企业经营管理领域，包括在基础理论研究、应用研究、技术开发和市场开拓的前沿地带，发挥学术技术领导和团队核心作用，推进科技向现实生产力转化，对科学发展、经济社会进步做出杰出贡献的人才[91]。雷晏（2006）认为，科技领军人才必须是本行业、本领域公认的杰出人物，必须具备能够成为一个团队的核心和灵魂的能力[92]。王春法等（2013）认为，科技领军人才是某个学术领域具有较高的地位和影响，拥有一支结构合理的科研团队，能够解决国家的重大需求与科学前沿的重大问题[93]。张冬梅（2015）认为，科技领军人才是指拥有高知识水平和丰富研究经验，具有高瞻远瞩的战略眼光、崇高的科学精神和卓越的科研能力,在学科领域内担当领先角色的核心科技人才,对科技人才建设、科学技术进步和社会经济发展起着重要的推动作用。从规模范围而言,科技领军人才是科技人才的一部分;从科研水平而言,科技领军人才是科技人才中处于最顶端的群体;从科研团队角色而言,科技领军人才是各学科领域内的领袖型人才[94]。

2.1.3 农业科技人才

武忠远(2006)认为,农业科技人才指人力资本积累程度高、整合效应好且在农业科学和技术知识的产生、促进、传播和应用活动的某一方面或某些方面做出积极贡献的人才资源,可以分为农业科技研究人才、农业科技推广人才和农业科技实用人才三大类[95]。柳晓冰(2011)认为,农业科技人才是具有大专以上学历或虽不具有大专以上学历但已取得初级以上技术职称的,专门从事农业科学技术的研究和推广工作,具有较高创造力和科学探索精神,能为农业经济发展做出贡献的人[96]。2011年,中共中央组织部、农业部、人力资源和社会保障部、教育部、科学技术部印发的《农村实用人才和农业科技人才队伍建设中长期规划(2010—2020年)》,指出农业科技人才是指受过专门教育和职业培训,掌握农业行业的某一专业知识和技能,专门从事农业科研、教育、推广服务等专业性工作的人员[97]。

本研究采用《农村实用人才和农业科技人才队伍建设中长期规划(2010—2020年)》关于对农业科技人才的定义,并按照这一定义将农业科技人才所在单位分为农业科研院所、涉农院校、农业技术推广服务单位。

2.1.4 农业科技领军人才

欧阳欢(2012)认为,农业科技领军人才是现代农业科技发展的决定性因素,是引领科技进步、支撑农业发展和带领创新团队的战略性核心力量。

农业科技领军人才在科技进步中引领作用，主要表现在推出有分量、有价值的研究成果，引领学科建设方向、解决关键技术、提供高端智力支持、支撑农业发展；农业科技领军人才在农业发展中的典范作用，主要表现在作为农业领域里出类拔萃的杰出人物，通过个人的魅力，推动"三农"发展，提升我国农业竞争力和国际地位；农业科技领军人才在科技团队建设中核心作用，主要表现在确定学科发展方向，形成整个团队的共同理念、目标和行为准则，凝聚和带领团队创新进取，培育或传播先进文化和科学精神，善于发现人才，积极培养人才，甘为人梯，提携后学[98]。

屈冬玉（2014）认为，农业科技领军人才必须具备以下条件：扎根中华大地；良好的政治修养和事业心；深厚的专业造诣；团队意识；坚忍不拔的进取精神和科学道德[99]。

通过对文献研究，认真听取 6 位国家重点实验室主任以及 40 多名院士的想法建议，认真阅读 133 名全国农业科研杰出人才的反馈材料（17.5 万字），笔者研究认为，农业科技领军人才是指具有矢志爱国奉献精神、具有高尚品德和开阔胸怀、具有战略创新思维、对科技前沿和产业发展有深刻把握能力、具有领衔决胜重大科技攻关能力的农业科技人才。主要具体对象包括：农业领域的"两院"院士、国家杰出青年基金获得者、"万人计划"入选者、长江学者、全国农业科研杰出人才、国家重点研发计划主持人、国家现代农业产业技术体系首席科学家、国家科技奖励主要完成人、国家重点实验室主任等。

具体应该具备以下条件：

（1）坚持正确的政治方向，牢固树立"四个意识"，坚定"四个自信"，做到"两个维护"。

（2）具有胸怀祖国、服务人民的爱国精神，勇攀高峰、敢为人先的创新精神，追求真理、严谨治学的求实精神，淡泊名利、潜心研究的奉献精神，集智攻关、团结协作的协同精神，甘为人梯、奖掖后学的育人精神。

（3）年龄一般不超过 60 岁，中国科学院、中国工程院院士不超过 65 岁。

（4）战略创新思维能力。对本领域未来研究具有前瞻性、独见性、创新性的观点和判断，不仅善于在研究领域引领前沿，提出未来发展方向，还要善于战略性、前瞻性科研布局，能将重要科学问题和关键技术难题有机结合。

（5）对农业科技前沿和产业发展具有深刻把握能力。准确把握农业学科领域的最新发展动态和发展方向，了解国家农业重大战略需求和农业产业发展实际情况。

（6）具有领衔决胜重大科技攻关的统筹协调能力。主持国家重大科研项目 3 项以上，担任国家级科研平台主要负责人。凝聚力、亲和力、组织力强，能够跨地区、跨单位组织同行学者开展科技攻关。

（7）具有国际视野和国际影响能力。组织举办重要国际学术会议或在重要国际学术会议上做报告或在知名国际学术期刊、学术组织担任重要职务或牵头组织全球大科学家计划，在国际合作中善于提出"中国方案"。

（8）达到以下水平之一：在农业基础与前沿研究领域有重大科学发现，或者在理论、方法上有重大创新，有利于解决产业技术难题，其研究成果获得国家级科学技术奖励且排名在前 3 名或发表过行业（领域）公认的较高水平的学术论文，对农业科技发展或者对农业、经济、社会发展产生重大影响；在农业应用研究领域取得重大的、创造性的成果并对乡村振兴和产业发展做出突出贡献，获得国家级科学技术奖励且排名在前 3 名，取得显著的经济、社会、生态效益，获得国家或省部级奖励。

2.2 相关理论基础

2.2.1 人力资本理论

传统的西方经济理论认为，经济增长主要依靠资本投入、劳动投入两个因素，20世纪30年代，美国学者柯布和道格拉斯提出了柯布-道格拉斯函数，但是，不少学者在运用柯布-道格拉斯函数对经济增长因素进行分析时发现，在国民收入增长额中，除了归因于资本和劳动的增长额之外，还有一个余数得不到解释。20世纪50年代，美国经济学家西奥多·舒尔茨（Theodore W. Schultz）认为传统的经济增长理论中的劳动只包含劳动的数量而没有包含劳动的质量，提出解开"余数之谜"的关键在于劳动质量的提高，从而创立了人力资本理论。

以下三位代表性学者对该理论内容的发展和完善做出了重要贡献。

（1）舒尔茨对人力资本理论的贡献

①界定了人力资本的基本含义，认为人力资本是对人的投资而形成的，体现在人的知识、技能、经历、经验和熟练程度等。②把人力资本投资分为五类，即医疗保健、在职培训、正规教育、成人教育和就业迁移，并对各项资本形成，特别是教育资本的构成及其计量方法等问题进行了大量的理论和实证研究。③论证了人力资本是经济增长的主要源泉，经济发展过程中人力资本投资收益率要高于物质资本收益率，人力资本的快速积累对于收入均等化和国际经济关系的改善具有重大作用。而劳动质量的提高是人力资本投资增长的结果[100][101]。

（2）贝克尔对人力资本理论的贡献

贝克尔为以人力资本收入函数确定劳动收入分配关系。他认为，唯一决定人力资本投资量的因素可能是这种投资的回报率，把研究扩展到人口经济学和家庭经济学领域，把家庭视为一个人类自身生产单元，把孩子视为"耐用消费品"，认为父母养育孩子、对孩子进行人力资本投资也是经过成本—收益分析的[102]。

（3）爱德华·F·丹尼森对人力资本理论的贡献

爱德华·F·丹尼森首创采用计量方法对人力资本要素的作用进行分析研究，对用传统经济分析方法估算劳动和资本对国民收入增长所起的作用时所产生的大量未被认识的、不能由劳动和资本的投入来解释的"余数"做出了最令人信服的定量分析和解释[103]。

（4）罗伯特·卢卡斯对人力资本理论的贡献

卢卡斯把人力资本作为一个独立因素纳入经济增长模型中，使之内生化、具体化为个人的、专业化的人力资本，将资本区分为有形资本和无形资本，并将劳动力划分成表现为"纯体力"的有形人力资本和表现为"劳动技能"的无形人力资本，认为只有后者才是经济增长的源泉，并提出人力资本积累有两种途径：一是通过脱离生产的正规和非正规教育；二是通过生产中的边干边学，工作中的实际训练和经验积累[104]。人力资本理论强调员工是组织最重要的价值来源，在完成组织目标实现过程中起关键作用，能够提升总体生产力与绩效，因此要有计划地对人力资本进行持续投入[105][106]。

根据人力资本理论，人力资本的投资收益远高于物质投入，因此加大对农业科技领军人才的人力资本投入对我国农业高质量发展意义重大。相关部门和地方紧紧围绕国家发展战略目标，组织实施了一系列重大科技人才计划、科研专项等，通过多种方式加大对农业科技领军人才的培养支持。

2.2.2　内外因辩证关系原理

唯物辩证法认为，事物的相互作用构成了事物的运动。恩格斯在《自然辩证法》中写道："这些物体是互相联系的，这就是说，它们是相互作用着的，并且正是这种相互作用成了运动。"马克思主义辩证法指出，内因是事物发展变化的动力和源泉，决定着事物的发展方向，在事物变化发展中起主导作用，外因能够加速或延缓事物发展的进程，是事物存在和发展的必要条件，在事物变化发展中起支配作用，外因要发挥其作用必须是以内因的存在为前提[107]。

（1）内在因素是人才成长的根据

毛泽东指出，事物发展的根本原因，不是在事物的外部而是在事物的内部，在于事物内部的矛盾性；任何事物内部都有这种矛盾性，因此引起了事物的运动和发展[108]。人才成长和发展的根本原因在于人才（包括个体和总体）内部矛盾性。外部因素要通过人才主体的内因起作用。外部因素要通过人才主体内在因素的评价和选择，而评价和选择过的外部因素，必须通过人才主体的内在因素的控制；被控制的外部因素还必须通过人才主体的内在因素的内化，成为人才主体的内部属性时，才能对个体人才成长和发展以及社会人才总体发展起作用。

（2）外部因素是人才成长的必要条件

外部的社会需要是人才内部矛盾产生的基础，人才主体的创造需要，归根结底是由外部的社会需要内化而成的。因而只有在社会不断出现新需要时，人才主体内部矛盾运动才能不断前进。人才内在素质的形成和提高，有赖于外部因素的影响[109]。

（3）内外因素互为条件、相互转化

从范围来分析，在较大的范围内是人才成长和发展的内部因素，在另一较小范围内就变成了人才成长的外部条件；反之亦然。人才成长和发展过程前一个阶段的外部因素，与人才内在素质发生交互作用，内化为人才个体的内在素质，这就变成了人才成长和发展下一个阶段的内部因素[109]。

基于这一理论，在内外因素的双重作用下，在农业科技领军人才成长成才过程中，其内在因素发挥着决定性作用。但是在某一阶段，外部环境也同样会起到决定性的作用。本研究认为，教育背景中个人主动学习、个人素质可以作为农业科技领军人才成长的内因，教育背景中外部影响、工作单位环境、制度和创新文化可以作为农业科技领军人才成长的外因。

2.2.3 需求层次理论

1943 年，马斯洛（Abraham Harold Maslow）提出了需求层次理论，该理论以 3 个基本假设为基础：①人的需要能够影响人的行为，仅限于未满足的需要；②人的需要可以依据层次性和重要性分为"食物、住房"等基本需要和"自我实现"等复杂需要；③人继续努力的内在动力只有在某一级需要得到最低限度满足之后才会发生。在这 3 个假设的基础上，该理论进一步将人的需求从高到低分为 5 个层次：生理需求、安全需要需求、社交需求、社会尊重需求及自我实现需求[110]。

生理需求位于底层，指人们对水、空气、食物和住房的基本需求。人们从出生起的成长动机就是为了满足这些需求。换句话说，当一个人面对寒冷和饥饿时，他的主要动机是获取食物和抵御寒冷。就单位而言，如果员工还担心自己的生理需要，就不会对自己的工作考虑太多。因此，通过满足员工的基本生存需求来激励员工是管理者首先要考虑的问题。国家制定人才相关政策，首先要满足人才的基本生活需求，从基本生活上缓解人才压力，提供相对良好的成长环境。

安全需求是指需要摆脱痛苦、威胁、疾病等问题，以及追求自身的安全和生活稳定。人们的基本生活需求得到满足后，首先关心和需要满足的就是安全需求。对于大多数人来说，安全需求包括医疗保障、失业保险和退休福利。对于单位来说，管理者需要更加重视工作保障和相应的福利待遇，包括工作稳定和失业保险；在宏观制定人才政策时，安全需求的保障主要体现在规范的社会保障体系和良好的社会秩序上。

社交需求是指人际关系的需要，包括爱情、友谊和从属关系。当生理需求和安全需求得到满足时，人们对社会关系的需求就会凸显出来。此时，满足人类社会需求的政策措施将起到激励作用。社会需求是一种情感需求，它与个人的角色定位、成长经历、教育经历和宗教信仰有关。与生理需求和安全需求相比，社会需求具有特殊性。社会需求得不到满足，就会影响人们的工作心理，导致抑郁，进而导致生产力低下等问题。因此，管理者要营造良好的单位文化，开展有组织的娱乐活动，有利于员工之间建立温馨和谐的人际关系，从而提高工作效率。

尊重需求是个人对自我价值的判断，也体现在他人对自己成就的认可上。根据需求理论，那些已经上升到最高需求层次的人期望别人根据自己的实际形象来接受他们，特别是对自己能力的肯定。满足尊重需求，可以使人才充满自信，使他们工作更有效率。尊重需要分为内部尊重和外部尊重。内在尊重是指个人在工作中能够独立、自信并表现出一定的力量；外在尊重是指对他人的信任和高度评价，体现在相应的地位和威望上。满足尊重需求，可以使人们认识到自身存在的必要性，通过价值实现获得工作和生活的信心。管理者对员工的公开奖励和表扬是对员工尊重需求的激励。

自我实现需求是指自我潜能的发挥和生命最高价值的实现。自我实现需求水平更高的人具有更强的独立性、更高的意识和解决问题的能力，以及对自己和他人更大的容忍度。因为他们更关注自己的自我实现需求是否得到满足，这些人往往会放弃较低层次的需求，更有可能受到创造力的激励，从事更有建设性的工作。对于自我实现需求占主导地位的人，他们会在工作中运用最具创造性和建设性的技能。无论从事什么样的工作，他们都倾向于寻求创新。

此外，美国心理学家赫茨伯格（Herzberg）在1959年提出双因素理论，即保健因素和激励因素，保健因素是指公司环境、人际关系、物质条件等外部因素，激励因素是指能够带来积极态度、满意的因素，如成就、认可、挑战性的工作等。他认为内在因素与工作满足及工作激励有关，外在因素与工作不满足有关。当员工对工作满足时，倾向归因于自己的特征所致；当人们对工作不满足时，倾向归因于外在因素所致。当员工的保健需求不能得到满足时，必然会对工作不满意；但当其基本保健需求得到满足时，却只是对工作感到不满足[111]。

需求层次理论对本研究有较大启示：合理的人才激励政策设计、人才培养计划实施、科研项目设立、优厚的待遇保障，应该能够吸引科技人才投身农业科技事业，激励科技人才充分发挥自己的主观能动性，为现代农业高质量发展创造更多价值。

3 我国农业科技领军人才队伍现状、样本库构建与特征分析

在党中央一系列科技人才改革发展政策的推动下，农业科技人才队伍建设取得明显成效。加强农业科技领军人才队伍建设已成为科研院所、高校、企业提升综合实力的重要举措。

3.1 我国农业科技领军人才概况

农业科技领军人才作为农业科技人员队伍的塔尖，对整个农业科技人员队伍有着"头雁"效应和主心骨作用。近些年，国家层面、中共中央组织部、教育部、科学技术部、农业农村部等，通过院士制度、科技奖励制度、人才培养专项计划、科研专项、科研平台建设等多种方式加大对农业科技领军人才的培养支持。

3.1.1 农业领域"两院"院士情况

截至 2020 年底，"两院"院士总数 1 696 人(12 人既是中国科学院院士，又是中国工程院院士)，其中，中国科学院院士 808 人，中国工程院院士 900 人。

农业领域"两院"院士有 140 人（名单见附录 1-2），其中，石元春院士既

是中国科学院院士，又是中国工程院院士。农业领域"两院"院士约占"两院"院士总数的8%。其中，在农业领域中国科学院院士有45人，均在生命科学和医学学部；在农业领域中国工程院院士有96人，其中农业学部82人、环境与轻纺工程学部9人，化工、冶金与材料工程学部5人，工程管理学部2人，刘旭院士、麦康森院士为跨农业学部和工程管理学部的"双跨"院士。从年龄结构上看，60岁以下(1961年以后出生)的农业领域"两院"院士有32人。

3.1.2 农业领域科学技术奖励情况

(1) 农业领域国家科学技术奖励情况

根据科学技术部网站（www.most.gov.cn）中"国家科学技术奖励大会专栏"数据，整理统计最近20年来（2000—2019年）农业领域的获奖情况（表3-1）：国家共授予5.3万多人（次）国家自然科学奖、国家技术发明奖、国家科学技术进步奖三大奖项共6122项成果。其中，国家最高科学技术奖授予31人；国家自然科学奖、国家技术发明奖和国家科技进步奖授予项目分别为682项、1011项和4429项。

在农业领域，共授予0.58万人（次）国家自然科学奖、国家技术发明奖、国家科学技术进步奖三大奖项632项成果（占比10.32%）。其中，国家最高科学技术奖授予2人；国家自然科学奖40项、国家技术发明奖72项、国家科技进步奖518项，分别占总奖项数量的5.87%、7.12%、11.70%。

(2) 神农中华农业科技奖梳理分析

农业科技奖励作为农业科技创新的重要组成部分，是国家科技水平、科技方针和政策导向的集中反映。2006年，经农业部同意、科技部批准，中国农学会设立了"神农中华农业科技奖"，该奖是唯一面向全国农业行业的最高综合性科学技术奖，是农业部科技进步奖的继承和延伸，旨在奖励为我国农业科学技术进步做出重大贡献的成果主要完成单位和主要完成人。

表 3-1 农业领域获得国家科技奖励情况

行业	奖励年度																				合计
	2000	2001	2002	2003	2004	2005	2006	2007	2008	2009	2010	2011	2012	2013	2014	2015	2016	2017	2018	2019	
一、国家自然科学奖（项）																					
全行业	15	18	24	19	28	38	29	39	34	28	30	36	41	54	46	42	42	35	38	46	682
农业行业	1	1	0	1	1	4	1	2	0	2	1	4	2	4	4	1	3	4	2	2	40
二、国家技术发明奖（项）																					
全行业	23	14	21	19	28	40	56	51	55	55	46	55	77	71	70	66	66	66	67	65	1011
农业行业	1	1	3	1	3	4	6	3	3	2	2	3	4	8	4	5	4	3	6	6	72
三、国家科技进步奖（项）																					
全行业	250	191	218	216	244	236	241	255	254	282	273	283	212	188	202	187	169	170	173	185	4429
农业行业	18	23	25	19	25	25	35	22	36	36	36	34	25	24	19	28	21	20	20	27	518

神农中华农业科技奖每2年评选一次，设立科研成果奖（一等奖、二等奖、三等奖）、优秀创新团队、科普成果奖三类。截至2020年底，已连续开展了7届评审奖励活动，奖励了900多项科技成果，表彰了1万余名科技人员，获奖成果中先后有近百项又荣获了国家科技奖。经过多年努力，该奖已成为农业行业最高水平和最具权威的综合性农业科学技术奖，成功引领了农业科技创新，极大地调动了广大农业科技人员的积极性、创造性，很好地鼓励了跨地区、跨行业、跨学科的联合科技攻关，有力地提升了产业技术水平，造就了许多优秀创新团队及科研人才，为促进农业科技繁荣、助力创新驱动发展、加快农业现代化建设做出了积极贡献。

3.1.3 农业领域国家科学基金情况

经统计，1994—2021年间，国家杰出青年科学基金项目专项资助4 619人，其中农业领域273人，约占总人数的5.91%。

经统计，1986—2016年间获得国家自然科学基金项目专项资助经费排行前100中，农业领域有中国科学院微生物研究所高福研究员、华中农业大学张启发教授、中国农业大学张福锁教授；排名分别为第30名、第69名、第100名。农业领域获得国家自然科学基金项目专项资助经费较多的专家有：高福（中国科学院微生物研究所）、张启发（华中农业大学）、张福锁（中国农业大学）、葛颂（中国科学院植物研究所）、李家洋（中国科学院遗传与发育生物学研究所、中国农业科学院）、巩志忠（中国农业大学）、康乐（中国科学院动物研究所）、方精云（北京大学、中国科学院植物研究所）、孙其信（中国农业大学）、邓秀新（华中农业大学）、刘树生（浙江大学）、曹晓风（中国科学院遗传与发育生物学研究所）、杨维才（中国科学院遗传与发育生物学研究所）、张改平（河南农业大学）、张传茂（北京大学）、周雪平（中国农业科学院植物保护研究所）、康绍忠（中国农业大学）、戚益军

（清华大学）、周琪（中国科学院动物研究所）。

3.1.4 有关国家部委在农业领域实施人才计划情况

截至 2020 年底，中共中央组织部牵头实施的"万人计划"中科技创新领军人才 2 356 人，其中农业领域 261 人，约占总人数的 11.08%。教育部实施"长江学者奖励计划"，新晋特聘教授 911 人（至 2017 年），其中农业领域 40 人，约占总人数的 4.39%。

农业农村部遴选建设了一批农业科技领军人才队伍。截至 2020 年底，共遴选产生了李振声、唐启升等在推动科技进步、支撑产业发展中做出突出贡献的 60 位中华农业英才；先后于 2011 年、2012 年、2015 年遴选产生了 300 名农业科研杰出人才（附录 3），当选时年龄均在 50 岁以下；10 年内，其中有 13 人当选"两院"院士，作为第一完成人获得国家科技奖励 100 多项，约占农业领域国家科技奖项总数的 1/3。依托现代农业产业技术体系，以农产品为单位，以产业链为主线，围绕水稻、玉米、小麦等 50 个产业发展问题开展技术攻关和试验示范，稳定支持培养了 50 多名首席科学家、1 370 多名岗位科学家。依托农业农村部 37 个学科群 646 个重点实验室（其中 42 个综合性重点实验室、335 个专业性/区域性重点实验室、269 个农业科学观测站）等科研平台，培养了一批农业科研和数据监测分析骨干队伍，凝聚了一批专业科研方面的创新精英和重点团队。神农中华农业科技奖科研成果一等奖 257 项，完成人 5 300 多名，神农中华农业科技奖优秀创新团队146 个，团队带头人 146 名。

3.1.5 有关单位探索实践

各地各单位把领军人才培养造就作为工作的重中之重，探索了以事业、待遇、情怀聚才留人的农业科技领军人才"引、培、用"模式。

（1）以事业为核心，优化人才环境，为产业提供精准匹配的人才支撑

广东省农业科学院蚕业与农产品加工研究所强调人才服务产业、产业成就人才，走出了一条科研创新、产业发展、人才成长等相结合的路子，在蚕桑加工领域培养造就了 4 位国内知名专家和一批中青年骨干。温氏集团围绕畜禽养殖，以人员交流为核心，"少要成果多要人""兼职兼薪加持股"，与华南农业大学开展全面合作，探索了人才名利双收、企业成长壮大、学校加快发展的多赢模式。

（2）以待遇保障为基础，搭建高端人才发展舞台，吸引人才、留住人才

中国农业科学院实施"农科英才"特殊支持政策，按照顶端人才、领军人才和青年英才三个层次予以特殊支持，建立高端引领、重点支持、协同推进的人才引育机制；截至 2020 年，遴选出"农科英才"343 人。中国农业大学实施"人才培育发展支持计划"，设置包括讲席教授、领军教授、青年新星三个层次人才岗位，覆盖从青年教师、中青年骨干教师到资深教师的全校各年龄段教师群体，截至 2020 年，通过学校评议引进各类人才 451 人。南京农业大学精心打造"钟山学者计划"，设置特聘教授、首席教授、学术骨干和学术新秀四个层次科研岗位，对应不同岗位职责和人才津贴，对人才实行综合评价、聘期目标考核管理和动态调整，建设周期内共遴选"钟山学者计划"岗位 220 人，占教师比例的 12.9％。

（3）以情怀为纽带，营造温馨和谐的人才环境，树立服务国家的使命感和荣誉感

各单位高度重视高层次人才的服务工作，从住房保障、医疗服务、子女入学、配偶安置、休假疗养等多方面提供服务；用真心实意，营造重才、爱才、敬才的社会氛围，让各类人才可以尽情展示才干、安居乐业。中国农业大学、中国农业科学院等多家单位在制定"十四五"和中长期规划的过程中，引导农业科技人才深刻认识新发展阶段国家战略重点转移给单位带来的机遇和挑战,增强服务"三农"的使命感、荣誉感和自豪感。

3.2　我国农业科技领军人才队伍建设问题与原因分析

我国农业科技贡献巨大,但与农业农村现代化发展要求相比、与国际先进水平相比,还存在明显差距,农业科研人才支撑不足是根本原因。2019 年 10 月,笔者参与了"谋划国家杰出农业科研人才培养工作研讨会议",认真听取了 6 名院士、11 家农业科研院校的主要负责同志的意见建议。2021 年 2 月 22—26 日,笔者参与农业农村部农业科技领军人才调研,编制了访谈提纲,走访了中国农业科学院、中国农业大学、广东省农业科学院、温氏集团等单位,认真听取了 6 位国家重点实验室主任以及 40 多名院士、专家的意见和建议,133 名全国农业科研杰出人才以及大北农集团、隆平高科等 7 家重点农业产业化龙头企业通过电子邮件方式反馈了意见和建议(情况材料 17.5 万字)。

通过实地走访、问卷调研,分析队伍建设存在的主要问题,剖析问题产生的主要原因。

3.2.1　存在的问题

(1)领军人才总量偏少,国际影响力不足

截至 2020 年底,农业领域国家杰出青年科学基金获得者(以下简称国家杰青)仅占 5.91%,"两院"院士仅占院士总数的 8%,中国工程院农业学部院士 83 人,仅占 9.1%,在 9 个学部中排第 7。最近 10 年农业领域新增长江学者仅占新增总量的 4.39%。对比其他行业,农业科技领军人才总量明显不足。例如,电子科学与信息领域科技人员仅占全国科技

研发人员总数的 2％，而该领域国家杰青占比达 12.7％，工程院院士占比达 14.5％。医药科学领域研究与开发机构研发人员占全国研究与开发机构研发人员总数的 6.6％，而该领域国家杰青占比达 11.5％，科学院院士占比达 12.9％，工程院院士占比达 13.4％。农业科技领军人才的国际影响力还不高。2020 年，科睿唯安公司发布的"高被引科学家"名单中，中国内地上榜人数全球第二，但农业和生物学领域科学家数量较少。以高校为例，2020 年入选的 621 人中，农业科学和生物学领域 17 人，仅占入选高校科学家的 2.7％。

（2）领军人才结构不够合理，青年人才储备不足

农业领域"两院"院士平均年龄 64.65 岁；60 岁以下（1961 年以后出生）的 32 人，仅占 22.70％；50 岁以下没有。中国农业科学院创新团队首席科学家平均年龄 54 岁，40 岁以下具备正高级职称的青年人才仅占 6％，到"十四五"末，近 2/3 的团队首席科学家将到退休年龄。中国农业大学 75％的领军型人才超过 50 岁。

（3）领域分布不平衡，与农业产业发展不匹配

农业科技领军人才研究领域分布不平衡，促进基础研究和应用研究协调发展不够，从农业生产实践中凝练研究不够，研究领域与农业全产业链发展不匹配。传统农业领域多、新兴农业领域少，单一学科多、交叉学科少，尤其是在"卡脖子"技术领域更是缺少领军人才。例如，农业领域"两院"院士从事种植、畜牧、植保领域研究的有 63 人，占比 45％，涉及智慧农业、合成生物学、基因编辑等新兴交叉学科研究的有 16 人，占比 11.43％。

（4）区域分布不均衡，与农业区域协调发展不适应

农业科技领军人才主要集中在经济较发达地区，而中西部、东北部等地区的人才相对匮乏，人才区域分布状况与农业区域协调发展不适宜。例如，农业领域"两院"院士在华北、华东、华中地区共有 107 人，占比 76.43%，其他地区仅有 34 人；北京 43 人、湖北 12 人、江苏 11 人、上海 9 人、山东 8 人、浙江 7 人、湖南和陕西各 6 人，西藏、宁夏、内蒙古、山西、青海、安徽等省份没有院士。

（5）农业企业缺乏领军人才，自主研发能力不强

农业科技领军人才主要集中在高校和科研院所，农业企业缺乏领军人才，既没有院士，也没有国家杰青，不利于农业企业自主创新。农业企业人才引进和培养成本较高，外聘人才发挥作用不够，人才流失较为突出，存在骨干人才向高校、科研院所"逆向"流动的问题。例如，潍柴雷沃重工股份有限公司地处三四线城市，区位劣势导致难以引进高层次农业科技人才；山东圣丰种业科技有限公司外聘的高端人才难以做到全日制、全身心投入到企业研发工作中，主要是完成任务书签订的目标任务，对企业的技术创新需求支撑不够；北大荒垦丰种业股份有限公司培养的 3 名博士核心骨干，分别流失到黑龙江、吉林、贵州等地高校、科研院所。

3.2.2 原因分析

上述这些问题，既有所处发展阶段、经费保障不足等表象原因，更有机制不顺等深层次原因。

（1）激励政策难以落地

1）政策不衔接

在科研自主权、创新激励等政策落实中，因部门间评价、审查制度定位不同、标准不一，导致相关政策不能衔接、措施不能落地，有的还有矛盾和冲突，致使不少科研人员担心"秋后算账"，缺乏"安全感"。

2）不同人员、不同部门理解有差异

科研人员希望兼职兼薪或离岗创业，通过成果转化获得改革红利，而管理人员则更多考虑在不踩红线、不违规的情况下保证单位稳定发展。

3）配套政策不匹配

在人才流动方面，大多数人才更倾向于留在科研单位而不是企业，更倾向于留在较发达地区而不是边远地区，相比于基本薪酬待遇，领军人才更看重科研单位在发展前景、成果转化、社会保障等方面的优势，科研单位在项目评审、成果认定、职称评定等方面也更具优势。同时，国内大型农业企业总部多不在一线城市，例如潍柴雷沃重工股份有限公司总部在山东潍坊、袁隆平农业高科技股份有限公司总部在湖南长沙。有些专家反映，中西部地区薪酬、住房、子女教育、退休待遇等与东部差异很大，农业领域"孔雀东南飞"现象尤为突出。

（2）评价机制不够完善

1）评价指标不科学

改进"四唯"还需要有一个长期的过程，现行的人才评价体系缺少与产业发展贡献度相关指标的设定。有院士建议，科研要和实际相结合，目前评价机制不完善，要有科学的评价体系，要看论文、奖项，但不唯论文、奖项，要看论文对解决实际问题的贡献，不能仅看其影响因子。

2）评价分类不细

评价体系不贴合实际，未充分结合人才职业属性和岗位要求，标准过度一致，对基础研究、应用研究、支撑保障类等不同岗位人才分类不细，科研人才、管理人才评价标准区分不大。

3）评价方式单一

主要采取国内专家评审的方式，基础研究缺乏国际同行评议，应用研究和技术开发缺乏用户评价、市场评价，种质资源收集等支撑保障类工作没有综合考量工作表现、间接贡献等因素。

4）评价主体单一

第三方评价不足，还需进一步加快建立科学化、社会化、市场化的人才评价制度。

5）考核过于频繁

考核材料复杂、手续烦琐，科研人员疲于应对，浪费了大量的时间和精力，尤其不利于基础研究人才、青年人才等持续研究和长期积累。有科研人员反映，过度评价会导致科研人员浮躁，不利于其进一步发展。

（3）资金链与产业创新链融合不够

1）稳定支持不足

农业科研具有周期长的特点，但农业科技的支持多以 3 年或 5 年为一个支持周期，之后还要重新进行竞争性申报争取，不能满足科研实际需要，不利于形成大成果、培育大专家。中国农业科学院专家建议，做农业科研一定要有稳定的经费支持，而且要给科研人员一定的自主权。

2）支持方向在农业行业间分布不均衡

据 2019 年全国农业科研机构 R&D 经费内部支出统计，种植业占比最多为 70%，畜牧业为 14%，渔业为 8%，农机化为 2%。

3）农业科技活动经费总投入比例偏低、基础性研究支持不够

农业领域 R&D 经费总量占比低，根据《中国科技统计年鉴（2020）》，2019 年农业科学 R&D 经费仅占比 7.4%，2019 年农、林、牧、渔业 R&D 经费仅占比 6.84%。基础研究经费支出最少，根据《中国科技统计年鉴（2020）》，2019 年农业科学基础研究经费占农业科学 R&D 经费内部支出总量的 13.54%，2019 年农、林、牧、渔业基础研究经费占农、林、牧、渔业 R&D 经费内部支出总量的 14.60%，与日本 25% 左右的农业基础研究支出相比差距很大。

4）重物轻人现象依然存在

新一轮科技体制改革后，我国农业科研经费支出结构有所改善，通过查阅《中国科技统计年鉴（2020）》，可以统计得出，2019 农业科技人员劳务费在 R&D 经费内部支出中的比例为 55% 左右，但与法国、巴西等国家高达 75% 的科技人员劳务费比例相比仍存在较大差距。

（4）优秀青年人才成长制约因素多

1）"论资排辈"现象突出

50 岁左右人员占据了绝大部分高级专业技术岗位和科研资源，而青年科技人才在承担课题任务、分配科研经费等方面的占比偏小，只能在"影子"下工作，"大树底下不长草"。

2）重"引进"轻"培养"

引进人才的优厚条件降低了本土人才主动创造的积极性。人才素质是后天培养起来的，目前农业人才培养体系缺乏系统性、层次性、连续性。

3）成长潜力评估不足

多数单位没有开展专门的、实质性的青年人才成长潜力的评估，科研立项、人才评价更多注重已有研究基础。有专家提出，培养人才要从 25 岁开始，发现好苗子，给予好政策、好待遇；人才评价多是评价过去成绩，对未来创新潜力没有评价。

3.3 我国农业科技领军人才样本库构建

3.3.1 样本来源

2010 年 6 月，中共中央、国务院印发《国家中长期人才发展规划纲要（2010—2020 年）》，启动实施现代农业人才支撑计划，农业科研杰出人才培养计划作为子计划，由农业部组织实施，于 2011 年、2012 年、2015 年评选产生了 300 名全国农业科研杰出人才（名单见附录 3），给予连续 5 年专项经费稳定支持。

本研究将以 300 名全国农业科研杰出人才为我国农业科技领军人才样本库，围绕成长经历、成长的影响因素开展研究。

3.3.2 样本数据的真实性、有效性

自 2012 年起，笔者承担了全国农业科研杰出人才培养计划的组织管理协调等工作，为本研究开展研究奠定了较好的工作基础。2020 年，农业农村部向 300 名农业科研杰出人才发放实名制调查问卷（附录 4），需经农业科研杰出人才本人填写、所在单位的人事（科技）部门审核后统一报送，最大限度地保证了数据的真实性、有效性。

3.3.3 样本选择的合理性、科学性

从调查问卷形成的总结报告看，培养计划发挥了"四两拨千斤"的作用，科技成果不断涌现，业内国际影响力稳步提高，已成为农业领域大专家、大成果的培育孵化器，初步树立了人才培养工程的国家级品牌。

(1) 具有深厚的学术造诣和敏锐创新思维

整体来说，300 名农业科研杰出人才均在业界有较高的学术造诣和敏锐的创新思维。13 名农业科研杰出人才当选"两院"院士，其年龄均在 60 岁以下，占 60 岁以下涉农领域"两院"院士总数的 40.63%。其中，79 人入选"万人计划"科技创新领军人才，占涉农领域"万人计划"科技创新领军人才总数的 30.3%；43 人获得国家杰出青年科学基金专项资助，占涉农领域国家杰出青年科学基金专项资助总人数的 15.75%。

(2) 具有对科技前沿和农业产业发展深刻把握能力

在遗传育种、病虫害防控（疫病防控）、栽培（养殖）、机械化与设施设备（养殖环境）、产后处理与加工等农业产业链全部领域，优化布局了农业

科研杰出人才及其创新团队。培养期内，145 名农业科研杰出人才担任了现代农业产业技术体系首席专家、岗位科学家。组织农业科研杰出人才（160多人次）到国外一流大学和研究所开展中短期学术访问、交流，并与国外高水平实验室对接，拓展了国际视野。在产业效益方面，获得国家级、省级知识产权 3 392 项，384 项科研成果被转化应用，科技推广面积达到 31.5 亿亩[*]，组织 30 万（人次）农户参与培训，共建试验示范基地 147 个，吸纳26.9 万当地劳动力，推广应用成果效益达到 2 613.4 亿元。

（3）具有决胜重大科技攻关的统筹协调能力

培养期内，农业科研杰出人才在完成这些国家重大科研项目中发挥了重要支撑作用，保障了项目顺利实施完成。据统计，有 276 名农业科研杰出人才主持了国家级科研项目 839 项，作为第一完成人获得国家科技奖励 100 多项，约占农业领域国家科技奖项总数的 1/3。

1）面向世界农业科技前沿，取得了一批原创性农业科研成果

中国农业科学院经济作物全基因组设计育种创新团队完成了世界上第一个蔬菜作物的全基因组序列图和第一张蔬菜变异组图谱，奠定了国际蔬菜作物基因组学基础，确立了我国在该领域的领先地位。

中国农业科学院油菜遗传改良创新团队，牵头完成了甘蓝型油菜"中双11 号"的基因组测序工作，在全球首次成功克隆了农作物种子性状的第一个细胞质调控基因、油菜第一个粒重功能基因，油菜功能基因组研究及应用具备世界领先优势。

湖南农业大学辣椒育种及资源创新团队，构建了全球第一个辣椒的泛基因组，构建了目前国际上信息量最大的辣椒转录组和泛基因组专业数据库，阐明了辣椒素等 20 个重要性状的遗传规律，为分子标记开发、基因定位克

---

[*] 亩为非法定计量单位，15 亩＝1 公顷，下同。——编者注

隆、功能解析、分子育种、遗传改良等奠定了基础。

中国农业科学院棉花转基因研究与应用创新团队，牵头完成了世界上广泛栽培的陆地棉全基因组测序及图谱绘制，引领棉花研究进入有参基因组时代，推动棉花基因功能验证的研究。

中国农业大学玉米生物学与遗传育种创新团队，率先在国际上建立了小麦单倍体诱导系统，实现双子叶植物单倍体诱导技术突破，为植物生殖生物学的理论研究提供重要参考，也为探索在双子叶作物创建以诱导基因为基础的单倍体育种技术开辟了新的实践突破路径。

中国农业科学院大豆驯化性状建成的遗传基础解析创新团队，克隆了控制大豆开花期的驯化基因，在国际上首次建立了可代表野生大豆物种特点的野生大豆泛基因组，在全基因组水平上解析了驯化和遗传改良后大豆基因组的遗传变异及变异规律。

广东省农业科学院香蕉遗传改良创新团队，在国际上第一个建立了香蕉基因编辑技术体系，获得了矮化香蕉新种质，解析了控制香蕉株高的分子机制。

中国农业科学院棉花重大害虫监测预警与控制技术创新团队，在全国范围内建立了迁飞害虫发生规律、成灾机制和精准防控技术研究的研究网络，带动全国迁飞害虫监测预警与精准阻控防治体系的构建，为全国害虫绿色防治提供科技支撑。

2）面向国家重大需求，攻克了一批农业发展关键核心技术

创新了一大批农业新品种和生产新技术，确保国家粮食安全和重要农副产品高质量保供做出了积极贡献。例如：

中国水稻研究所水稻品质遗传改良创新团队育成的超级专用早稻品种"中嘉早17"，累计推广应用超过 7 000 万亩，自 2013 年起一直稳居南方稻区年应用面积第一位，也是自 1991 年以来唯一一年应用超千万亩的早稻品种，

覆盖长江中下游早稻面积的 20%左右。

中国农业科学院作物生理生态创新团队连续 6 次创造全国玉米高产纪录，研制出玉米冠层耕层优化高产技术体系累计推广 1.2 亿亩，增产 83.39 亿千克，增加经济效益 143.16 亿元。

中国农业大学动物遗传育种创新团队持续选育"农大 3 号"节粮蛋鸡配套系，"农大 3 号"是目前世界上唯一的节粮矮小型蛋鸡商业化配套系，其 72 周龄饲养日产蛋数为 306 个，平均蛋重 56.8g，产蛋期成活率 95.4%，料蛋比 1.99：1，饲料转化率显著优于普通型蛋鸡。

山东省农业科学院小麦遗传育种创新团队，选育超强筋新品种——济麦 44，达到郑州商品交易所期货用标准的一等强筋小麦标准，该品种权转让费 1 500 万元，创小麦品种转让纪录。加强与全球知名制粉企业合作开展优质小麦高质专用粉开发，优化了优质小麦产业链布局，完善了优质强筋小麦精品产业发展体系。培育的济麦系列小麦品种一直在山东省乃至黄淮麦区广为推广种植，其中，济麦 22 连续 9 年种植面积稳居全国第一，以连续 11 年年种植面积在 1 000 万亩以上，为我国小麦生产做出了突出贡献。

湖南农业大学辣椒育种及资源创新团队，选育了满足不同时期市场需求的辣椒新品种，实现了我国鲜辣椒周年均衡供应，不仅在全国 30 多个省（市、区）大面积推广应用，而且被 30 多个国家引种试种成功，累计推广面积达 500 万亩，团队育成的系列辣椒品种是世界上种植面积最大的辣椒品种，使我国辣椒种子杂种化、良种化水平世界领先，国产品种中国市场占有率 90%以上、全球市场占有率约 40%。

中国农业科学院饲料生物技术创新团队，成功研发了 19 种饲料用酶，应用成本较 10 年前显著降低。研发的酶产品年产量居世界首位，完成了向美国的技术转让；覆盖了国际上主要的饲料用酶品种，并率先创制了应用于抗生素替代与饲料安全等领域的全新酶种，实现了饲料用酶的全面国产化。

华南农业大学重大动物疫病防控创新团队，以禽流感、非洲猪瘟等重大动物疫病为主要研究对象，在高致病性禽流感、H7N9 流感、新城疫和非洲猪瘟等疫病的防控工作中屡创佳绩。

以这些成果为代表的技术进步，在推动实现我国农业生产从"靠天吃饭"到"旱涝保收"的过程中发挥了重要作用。

3) 面向现代农业建设主战场，推进农业产业转型升级

国家农业信息化工程技术研究中心精准农业创新团队，搭建了全国农业科教云平台，打造了我国首个育种云平台，构建了环境、视频、农事、检测等多源信息技术融合的"放心菜"质量安全技术体系，突破了农机作业环境与作物本体信息在线感知技术，提高了国产农机智能化水平。

中国农业大学水产养殖物联网技术创新团队，突破了复杂养殖条件下的水质传感器实时补偿校正与智能变送技术，创制了 9 种适于养殖水质在线测量的传感器，打破了国外技术垄断，产品出口 25 个国家，研究成果入选"2019 年中国智能制造十大科技进展"（排首位）。

浙江大学智能化农业装备创新团队，研制了我国第一套自由托盘输送的水果内外部品质同步检测分级生产线，打破了水果产后商品化处理高端装备的国外技术垄断，并实现了一机多用。

中国农业科学院蔬菜害虫预防与控制创新团队在阐明韭蛆发生危害规律、越冬越夏特性以及生产发育特性基础上，研发了覆膜增温杀韭蛆技术，减少韭菜 90％以上的杀虫剂使用量，将韭菜产品的质量安全水平在原有基础上提高 30％以上，是有害生物绿色防控的典型创新案例与颠覆性创新技术代表。

中国农业科学院奶产品质量与风险评估创新团队，在国产优质乳关键技术与标准取得重要进展，应对进口乳品冲击能力显著增强，市场占有率不断

提高，提振了国产乳消费信心。

中国农业大学保护性耕作技术与装备研发创新团队，首创国际免耕播种机"动力驱动防止秸秆堵塞"技术，研发系列少免耕播种机，解决了大量秸秆覆盖条件下少免耕播种小麦的技术与装备难题。

中国农业科学院设施植物环境工程创新团队，突破智能LED植物工厂核心技术瓶颈，奠定我国在该领域的优势地位，实现温室调温技术与结构工程的重大突破，攻克多项都市型设施园艺重大技术难题，为都市农业发展做出突出贡献。

中国农业大学动物源食品安全检测与控制技术创新团队，制定并申报饲料和动物性食品中兽药残留量的LC-MS/MS检测法的行业标准，推动了我国快速检测行业的科技进步，提升了我国残留检测试剂产业的技术水平。

中国农业科学院质量安全与风险评估创新团队，建立了全国首个覆盖动物养殖过程全链条的未知添加物预警信息系统，突破了监管上难以防范等瓶颈问题；发现了黄曲霉毒素靶向诱导效应，突破了抗体亲和力低的瓶颈，创建了高灵敏检测技术，打破了国外垄断，且与国外产品相比成本降低75%、检出率提高50%以上。

广东省农业科学院功能食品研究创新团队，研发荔枝、龙眼、苦瓜等系列健康食品加工专利技术并实现产业化，研发全谷物的生物活性机制及其综合加工利用技术，研发临床特膳食品加工关键技术与新产品；带动国内品牌临床营养品市场占有率由1%达到30%左右，摆脱了我国临床营养品长期依赖国外品牌产品的局面。

中国农业科学院农业面源污染监测评估与防控创新团队，创新形成农田氮磷面源污染监测技术和减排技术模式，累计推广应用面积高达1.99亿亩，产生经济效益达68.3亿元。

西北农林科技大学节水农业技术与装备创新团队，创立了小麦、玉米和棉花等 8 种作物水肥联合高效利用栽培技术体系，技术推广 20 万亩以上，有效推广面积 15.3 万亩，累计增加产值超过 3.2 亿元；研发了一系列节水灌溉技术与装备，解决了传统喷灌机组灌溉均匀性差的难题。

（4）具有国际视野和国际影响能力

创新团队不断在农业领域取得大成果，国际影响力逐步增强。黄三文研究员带领经济作物的全基因组设计育种创新团队，以重要蔬菜作物基因组研究为突破口，完成了多项国际领先的开创性研究成果。张新友院士带领花生育种创新团队，参与国际花生基因组计划，完成了花生栽培种及其二倍体祖先种的基因组测序。夏庆友教授带领家蚕基因组生物学创新团队，倡导的家蚕生物反应器研究、家蚕丝蛋白材料学等研究方向引领世界蚕学发展，率先完成了家蚕基因组框架图、精细图和变异图，相关成果两次在 *Science* 发表，确立了我国在国际蚕学基础研究领域的竞争优势。王笑梅研究员带领新型禽用疫苗与诊断试剂创制创新团队，在加快科研创新及在家禽疫苗和诊断试剂研制和产业化方面取得重要突破，实验室以扎实的传染性法氏囊病病原学、流行病原学及防控技术研究基础，被世界动物卫生组织（OIE）评为作为亚太地区第一个"OIE IBD 参考实验室"。

出现了一批在国际组织中担任要职的复合型人才。海水养殖病害防控创新团队首席黄倢研究员成功当选亚太水产养殖中心网（NACA）第七届总干事，任期 5 年。这是 NACA 成立近 30 年来我国科学家首次担任总干事，这将进一步提升我国在亚太地区水产领域的话语权，推动深度参与重要涉渔国际组织的议事规则制定。重大外来动物疫病研究创新团队首席王志亮研究员担任全球非洲猪瘟研究联盟副主席，带领团队建立了普通 PCR、荧光 PCR、阻断 ELISA、夹心 ELISA、免疫荧光微球等一系列检测方法，突破核心试剂、生产工艺等关键技术瓶颈。动物生理化与健康福利养殖创新团队首席赵茹茜教授为动物环境与福利国际研究中心（IRCAEW）的董事会成员，也是中国农业国际合作促进会动物福利国际合作委员会（ICCAW）专家组成员。保护性耕作技术与装备研发创新团队首席李洪文教授被选为亚太保护性农业联盟副主席、候任主席，连续 5 届担任世界保护性农业大会学术委员，担任非洲国际保护性耕作咨询委员会专家。

担任国际顶级期刊编委。水产养殖物联网创新团队首席李道亮教授任职国际信息处理联合会农业信息处理分会主席，国际杂志 *Information Processing in Agriculture* 主编。养分资源高效利用生物学创新团队首席徐国华教授为第四届国际植物氮素营养组织主席，是 *J Exp Bot*、*Sem Cell Dev Biol*、《中国农业科学》《土壤学报》等国际国内重要学术期刊的编委，入选全球植物学和动物学领域高被引学者（2019）。生物毒素研究创新团队首席李培武院士，被聘为 FAO/WHO 联合专家委员会委员，出任生物毒素专家，被聘为 *Toxins*、*World Toxin Journal*、*Mycotoxin Research* 和 *Journal of Integrative Agriculture* 等知名期刊编委。肉羊高繁殖力分子机理研究创新团队首席储明星研究员，担任 *Journal of Animal Science and Biotechnology* 编委。柑橘细胞工程与遗传改良创新团队首席郭文武教授，兼任国际 SCI 刊物 *Scientia Horticulturae* 共同主编。

3.3.4　建立样本信息数据库

建立了包括个人基本信息、学习经历、工作经历、职务晋升、获得国家科研项目资助计划、科研业绩、获得国家人才荣誉称号、对成长影响因素的认识等情况的样本数据库。

3.3.5　调查问卷设计

问卷内容主要分为五个部分：个人基本信息、科研业绩情况、对影响成长因素的认识、学习经历、工作经历。

(1) 基本信息

包括：姓名、性别、民族、年龄、出生地、工作地点所在省份、学历、专业技术职称、工作单位、工作年限、从事的研究领域等。

(2) 科研业绩情况

包括：主持国家级重大科研项目名称、数量、经费数额；获得的国家科技奖励的项目数、完成人顺序；获得的神农中华农业科技奖项目数、等次；获得的全国农牧渔业丰收奖项目数、等次；担任的重要科研平台职务；在国际顶级学术期刊（*Nature*、*Science*、*Cell*、*PNAS* 等）发表论文数量；发表 SCI 论文数量；国际学术会议作报告情况；全国性学术会议作报告情况；研究报告建议被党中央、国务院采纳数；获得的国家级、省级专有证书数；作为项目负责人的成果转化技术收入额；获得的国家级、省级知识产权数；作为项目负责人的推广应用成果效益；作为项目负责人的科技推广面积；团队人才培养情况。

(3) 对影响成长因素的认识

1）在教育背景方面，包括：家庭教育与家庭文化传统、中小学启蒙和素质教育、大学阶段的专业基础教育、研究生阶段的系统科研训练、海外留学与进修、导师影响、创新文化与氛围、教学和实验条件、科研平台与参与重大科研项目机会。

2）在个人素质方面，包括：个人兴趣爱好、个人智力水平、合理的知识结构、坚实的理论基础、创造性思维能力、成就欲望强烈、好奇心与批判和怀疑精神、学习和接受新事物能力、开阔的学术眼光与活跃的学术思想、鲜明的独立倾向与自主意识、自信心与谦逊精神、组织协调与合作精神、心理素质（抗挫折和压力的能力）、淡泊名利的价值观、科学的态度和求实的精神。

3）在工作环境方面，包括：科研人员物质待遇；科研条件；工作单位的学术地位和影响力；单位人才资源与数量；学术领导人（实验室主任）的素质；科研计划管理与评价制度；人才培养、使用与激励机制；团队建设与合作机制；国际交流与合作机会；专业深造与提升机会；职务/职称晋升机会；单位科研学术氛围；单位发展理念与文化。

4）在宏观环境方面，包括：农业科技人才的社会地位；社会创新创业文化氛围；农业科研事业单位分类改革；科研计划项目和成果管理机制；农业科技协同创新表彰机制（国家与区域农业科技创新联盟体系建设、现代农业产业技术体系建设、农业农村部学科群实验室体系建设）；科技评价与激励机制；科技人才政策；知识产权保护制度；农业科技转化平台资源；科研人员获得科技项目；青年科研人员获得科技项目容易程度。

（4）学习经历

包括：父母受教育程度或文化水平；父母对其教育方式；在青少年时期对科学技术的兴趣；高中毕业学校类型；大学就读的学校类型；大学期间的专业课学习成绩；在大学期间参与老师的科研工作情况；读大学的哪些学术和人文环境因素对其专业兴趣和专业发展产生重要影响；攻读硕士学位的高等教育机构类型；硕士研究生导师学术影响力；硕士研究生阶段参加过哪类科研项目工作；攻读博士学位的高等教育机构类型；博士研究生导师学术影响力；博士研究生阶段参加过哪类科研项目工作；在硕士或博士研究生学习阶段参与过哪些国际合作交流活动。

（5）工作经历

包括：从事博士后研究工作的机构类型；博士后合作导师学术影响力；博士后研究阶段参与过哪类科研项目工作；从事科研工作的动因；职业生涯早期，获得的对专业发展有重要意义的科研项目资助或人才计划类型；取得代表性创新研究成果主要是在哪几个阶段；国外的学习和研究经历对个人专业发展的影响；晋升副高职称的年龄；晋升正高职称的年龄；当选"两院"院士的年龄。

3.3.6　调查问卷实施情况

2020 年向 300 名农业科研杰出人才发放调研问卷。在年龄、性别、民族、党派、学历、专业技术职称、学术兼职、地域分布、研究领域、荣誉称号、科技项目、学术论文、成果转化、科技奖励、团队人才培养、科技扶贫等方面，有效问卷 290 份；在成长经历方面，有效问卷 271 份；在对影响成长因素的认识方面，有效问卷 270 份。

3.4　我国农业科技领军人才群体特征分析

以 300 名全国农业科研杰出人才（附录 3）作为分析样本，从年龄、性别、民族、党派、学历、专业技术职称、学术兼职、地域分布、研究领域、荣誉称号、科技项目、学术论文、成果转化、科技奖励、团队人才培养、科技扶贫等方面，分析我国农业科技领军人才群体特征。

3.4.1　基本情况

（1）年龄、性别、民族、党派、学历、职称、学术兼职情况

1960 年后出生的占比 84.8%，1970 年后出生的比例为 14.9%，同时，也有 1 位 1980 后出生的农业科研杰出人才。男性专家占大多数，比例为 87.2%，女性专家仅占 12.8%。96.6% 的专家来自汉族。中共党员占比 69.0%，民主党派占比 21.4%，无党派人士占比 9.7%。从授予的最高学历来看，大多数专家都拥有博士学位，占据全部人数的 90.5%。大都是资深教授，其中，二级教授占比 69.6%，三级教授占比 26.1%。

82.1％的专家具有兼职，他们大都担任学院院长、研究所所长、实验室主任等职务。

（2）地域分布情况

290名农业科研杰出人才的地域分布集中在经济发达地区、高等院校和科研机构集中的地区、农业科技实力较强的地区以及农业产业的主产区。他们主要集中在北京、湖北、江苏、浙江、山东、河南、湖南和广东，西藏、内蒙古、甘肃、辽宁和山西也有一些少量入选。其中北京地区人数高达92人，占总人数的31.7％。

（3）研究领域情况

包括作物基因资源与种质创制、土肥、植物保护、动物遗传育种与繁殖学、动物疫病病原生物学、兽医、水产、资源与环境、农业基因组学、微生物、农机、农产品加工和信息技术等各个方面，覆盖了水稻、麦类、玉米、薯类、大豆、棉花、油料、园艺作物、果树、热带作物、动物、淡水渔业等，其中从事农作物品种资源相关研究的专家占18.9％，从事生物技术相关研究的专家占18.2％，这是专家分布最多的两个领域，也是超过1/10的领域；多领域的分布和交叉学科的研究导致科研人力资源配置能力显著增加，促进了多学科、多领域成果的培育与转化。

（4）获得荣誉称号情况

包括"两院"院士13人，长江学者36人，分别占总人数的4.3％、12％。此外，还包括"万人计划"入选者、"万人专家"青年拔尖人才等一大批高水平的专家人才，具体情况在图3-1中展示。

3.4.2 主要科研业绩

（1）承担科技项目情况

农业科研杰出人才中42.4％至少承担了一项国家级重大项目，其中承

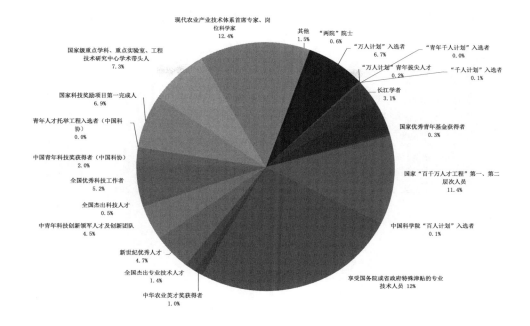

图 3-1　农业科研杰出人才荣誉称号统计图

担国家级重大项目 2 项及以上的专家占比为 16.2%。此外，27.9% 的专家主持了国家级重点项目，大多数专家主持了包括国家级重大项目、国家级重点项目、国家级一般项目、部委科技项目和省级科技项目在内的重大研究课题（图 3-2）。

这些项目中，国家级重大项目资金额在 5000 万元以上的占比为 16.4%，1 000 万到 5 000 万的资助金额占比合计 43.1%（图 3-3）。在所有资助的项目中，总资助金额在 5000 万以上的项目共计 34 项。其他国家级重点项目、国家级一般项目、部委科技计划项目资助金额的比例分别如图 3-4、图 3-5、图 3-6 所示。

（2）发表学术论文情况

农业科研杰出人才队伍的学术水平很高，以第一作者或通讯作者发表在 CNSP（*Nature*、*Science*、*Cell*、*PNAS*）上的文章共计 35 篇，其中有 10

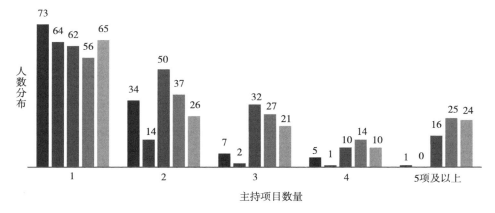

图 3-2　农业科研杰出人才项目承担科技项目情况统计图

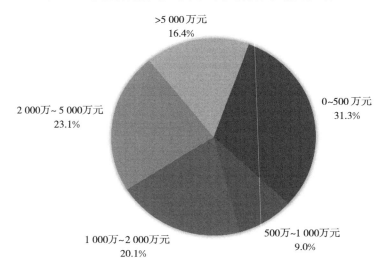

图 3-3　农业科研杰出人才国家级重大项目资助金额统计图

位专家在这些顶级期刊上发表了超过 2 篇文章（包括 2 篇）。此外，共有 229 部专著在国家级出版社出版，其中个人在国家级出版社出版专著超过 5 部（包括 5 部）的也是 10 位，占比 3.4%（图 3-7）。

以第一作者或通讯作者在 SCI/EI 数据库中发表高水平文章共计 7 269 篇，总被引 84 317 次，篇均被引 11.6 次，这充分体现了农业科研杰出人才

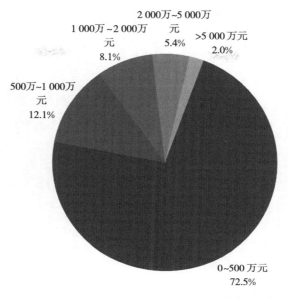

图 3-4　农业科研杰出人才省级科技项目资助金额统计图

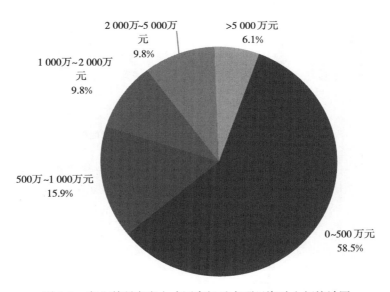

图 3-5　农业科研杰出人才国家级重点项目资助金额统计图

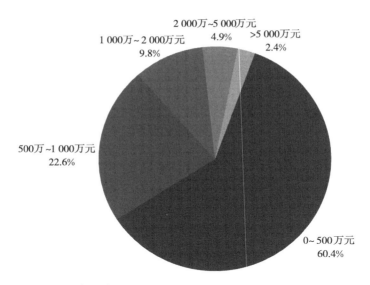

图 3-6　农业科研杰出人才国家级一般项目资助金额统计图

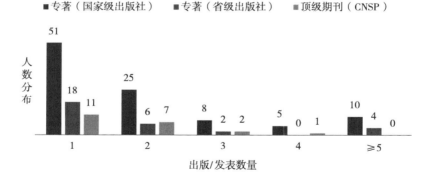

图 3-7　农业科研杰出人才专著与顶级论文发表情况统计图

的高学术水平。其中，15 位专家发表过超过 100 篇的高水平论文（图 3-8），高被引专家人数（被引次数超过 1 000 次）的人数为 20 人，占总人数的 6.9%（图 3-9）。

（3）科技转化和实际应用情况

农业科研杰出人才联系实际，将论文写在大地上。290 位专家共计获得 3 392 项国家级、省级知识产权，人均 11.7 项，其中获得知识产权数大于 10

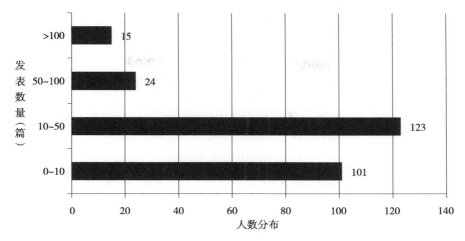

图 3-8　农业科研杰出人才高水平论文发表情况统计图

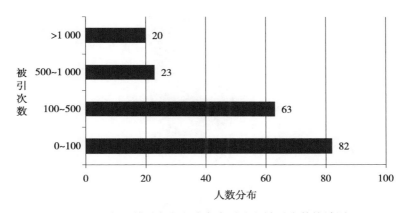

图 3-9　农业科研杰出人才高水平论文被引次数统计图

项的人数占比 37% （图 3-10）。

　　国家的高投入获得了高回报，以这些专家作为项目负责人的成果转化技术收入额合计 18.9 亿元，其中成果转化技术收入额在 1 000 万元以上的占比 22.1% （图 3-11）。从推广面积和推广效益来看，290 名农业科研杰出人才的科技推广面积达到 31.5 亿亩，其中推广 1 000 万亩以上的占比 34.1% （图 3-12）；作为项目负责人的推广应用成果效益达到 2 613.4 亿元，其中推广应用效益超过 1 亿元的专家人数超过半数，为 54.6% （图 3-13）。

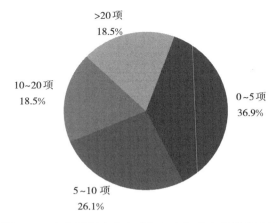

图 3-10　农业科研杰出人才知识产权获取数量统计图

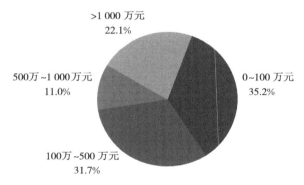

图 3-11　农业科研杰出人才成果转换技术金额统计图

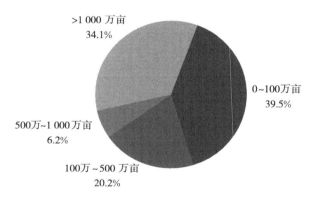

图 3-12　农业科研杰出人才科技推广面积统计图

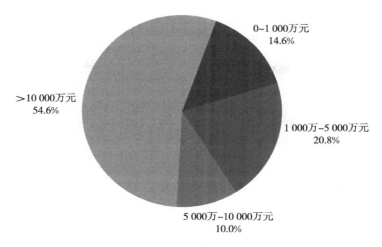

0~1 000万元
14.6%

>10 000万元
54.6%

1 000万~5 000万元
20.8%

5 000万~10 000万元
10.0%

图 3-13　农业科研杰出人才推广应用效益统计图

（4）获得国家科技奖励情况

有 94.2％的农业科研杰出人才，获得过 1 项国家科技奖励，有 5.8％的农业科研杰出人才获得过 2 项国家科技奖励（图 3-14），有 12.8％的农业科研杰出人才获得 5 项及以上的省部级科技奖励（图 3-15）。

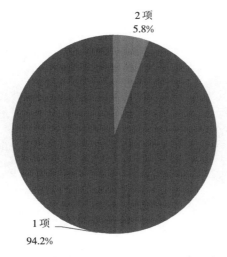

2 项
5.8%

1 项
94.2%

图 3-14　农业科研杰出人才获得国家科技奖励数量统计图

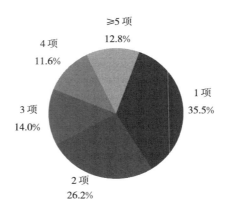

图 3-15　农业科研杰出人才省部级科技奖励数量统计图

（5）团队成员人才培养情况

290 名农业科研杰出人才，带领团队成员人数总计 6 870 人，平均每位专家的团队规模为 23.7 人；团队人数在 10 人以上的占比 56.8%，在 20 人以上的占比 28.4%（图 3-16）。这些团队中，具有正高级以上职称的人数为 448 人，具有副高级以上职称的人数为 1 157 人。平均每个团队的正高级以上专家为 1.54 人，团队中正高级以上专家不少于 5 人的占 7.4%（图 3-17）。

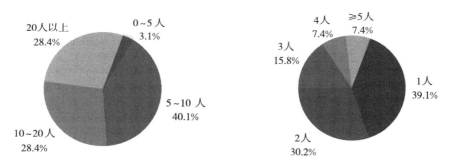

图 3-16　农业科研杰出人才团队人数统计分布图

图 3-17　农业科研杰出人才正高级职称以上专家数量统计图

（6）组织、主持及参加国内外学术会议情况

如表 3-2 所示，在主持、参加各类会议方面，农业科研杰出人才共组织、主持国际学术会议 280 次，参加国际学术会议 1 212 次；组织、主持全国性学术会议 627 次，参加全国性学术会议 2 367 次。

表 3-2　组织、主持及参加国内外学术会议情况

名称	数量（次）
组织、主持国际学术会议	280
参加国际学术会议	1 212
组织、主持全国性学术会议	627
参加全国性学术会议	2 367

（7）研究报告建议被采纳情况

如图 3-18 所示。农业科研杰出人才的研究报告被中央、国务院采纳 26 项，占总数的 9.25％；被国家部委采纳 146 项，占总数的 38.79％；被省政府委采纳 109 项，占总数的 51.96％。

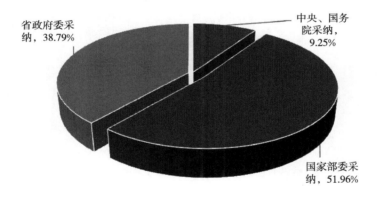

图 3-18　研究报告建议被国家部门采纳情况

（8）参与科技扶贫情况

农业科研杰出人才参与解决当地农业生产中的技术难题 1 006 项，共组织当地农户参与培训 30 万次，推广先进技术。其中组织培训人数超过 1 000 人次的人才团队占比为 34.8％（图 3-19）。

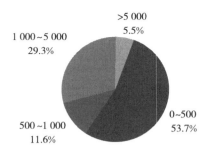

图 3-19　农业科研杰出人才组织培训农户人次统计图

76.2%的农业科研杰出人才团队在当地建立实验示范基地，共吸引 27 万当地劳动力在基地从事生产，其中吸引人数在 1 000 人以上的人才团队占比 15.4%（图 3-20）。

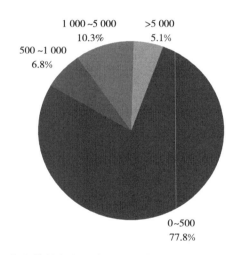

图 3-20　农业科研杰出人才吸引劳动力在基地工作人数统计图

37.6%的农业科研杰出人才的科研成果得到了转化，数量达 384 项，人均转化 3.5 项，其中转换科研成果在 5 项以上的人才占比为 10.2%（图 3-21）。

在上述成果的转化过程中，共产生了 171.5 亿元的转化应用产值，其中转换应用产值在 1 000 万元以上的人才占 48.1%（图 3-22）。

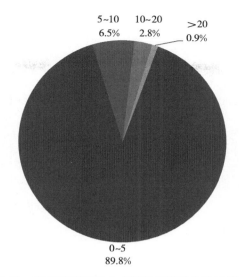

5~10 10~20 >20
6.5% 2.8% 0.9%

0~5
89.8%

图 3-21　农业科研杰出人才科研成果转化数量统计图

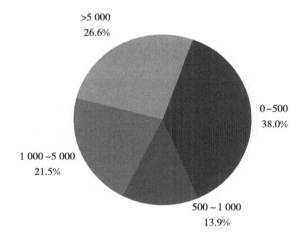

>5 000
26.6%

0~500
38.0%

1 000~5 000
21.5%

500~1 000
13.9%

图 3-22 农业科研杰出人才转化应用产值金额统计图（单位：万元）

3.4.3　群体特征分析

经过上述样本的基本情况、主要科研业绩的描述性分析，可以看出我国农业科技领军人才表现出以下几类特征。

（1）具有胸怀祖国、服务人民的爱国精神，勇攀高峰、敢为人先的创新精神，追求真理、严谨治学的求实精神，淡泊名利、潜心研究的奉献精神，集智攻关、团结协作的协同精神，甘为人梯、奖掖后学的育人精神。

（2）具有深厚的学术造诣和敏锐的创新思维。对本领域未来研究具有前瞻性、独见性、创新性的观点和判断，不仅善于在研究领域引领前沿，提出未来发展方向，还善于战略性、前瞻性科研布局，能将重要科学问题和关键技术难题有机结合。300名农业科研杰出人才中，以第一作者或通讯作者在SCI/EI数据库中发表高水平文章共计7 269篇，总被引84 317次，篇均被引11.6次，这充分体现了农业科技领军人才的高学术水平。在农业作为领军人才的同时，这些专家也取得了获得其他重要荣誉，体现了优势积累规律。如有13人当选"两院"院士，其年龄均在60岁以下，占60岁以下涉农领域"两院"院士总数的40.1%。79人入选"万人计划"科技创新领军人才，占涉农领域"万人计划"科技创新领军人才总数的30.3%；43人获得"国家杰青"，占涉农领域国家杰青专项资助总人数的21.08%。

（3）具有对科技前沿和农业产业发展深刻把握能力，能够准确把握农业学科领域的最新发展动态和发展方向，了解国家农业重大战略需求和农业产业发展实际情况。145名农业科研杰出人才担任了现代农业产业技术体系首席专家、岗位科学家。在产业效益方面，"将论文写在大地上"，将科技与农业产业发展融合，384项科研成果转化应用，科技推广面积达到31.5亿亩，推广应用成果效益达到2 613.4亿元，其中推广应用效益超过1亿元的专家人数超过半数。积极向政府部门建言献策，被中央、国务院采纳26项，占总数的9.25%；被国家部委采纳146项，占总数的38.79%；被省政府委采纳109项，占总数的51.96%。

（4）具有决胜重大科技攻关的统筹协调能力。大多数农业科技领军人才专家主持过包括国家级重大项目、国家级重点项目、国家级一般项目、部委科技项目和省级科技项目在内的重大研究课题；有 276 名农业科研杰出人才主持了国家级科研项目 839 项，作为第一完成人获得国家科技奖励 100 多项，约占农业领域国家科技奖项总数的 1/3。

（5）具有国际视野和国际影响能力。能够组织举办重要国际学术会议或在重要国际学术会议上做报告或在知名国际学术期刊、学术组织担任重要职务或牵头组织全球大科学家计划，在国际合作中善于提出"中国方案"。组织、主持国际学术会议 280 次，参加国际学术会议 1 212 次；组织、主持全国性学术会议 627 次，参加全国性学术会议 2 367 次。涌现出一批在重要国际组织中担任要职、在顶尖国际学术大会担任主席、在顶级国际期刊中担任主编/编委的复合型人才。

（6）平均年龄比其他行业领军人才大 5～10 岁。我国农业科技领军人才中 60 后占比 84.8%，70 后的比例为 14.9%；通过文献研究发现，我国科技领军人才成才平均年龄为 45 岁，与之相比，我国农业科技领军人才的平均年龄大了 5～10 岁。这一方面体现了农业科研的周期性长，一般而言，创造出有较大影响、较大价值的科研成果要比其他行业的创造周期长 5～10 年

（7）性别、学历分布上与我国科技领军人才群体的性别比例存在一致性。农业科技领军人才中男性专家占大多数，比例为 87.2%，女性专家仅占 12.8%。从性别上看，我国农业科技领军人才与我国科技领军人才群体的性别比例存在一致性。我国农业科技领军人才中 90.5% 人拥有博士学位，从学历角度，我国农业科技领军人才与我国科技领军人才群体的学历结构存在一致性。

（8）关于地域和单位，我国农业科技领军人才主要集中在北京、湖北、江苏、浙江、山东、河南、湖南和广东，其中北京地区人数占总人数的 31.7%，依托单位主要集中在中国农业科学院、中国农业大学、南京农业大学、华中农业大学、浙江大学等。本研究第 2 章通过文献研究发现我国科技

领军人才群体中主要来自北京、上海、江苏、浙江、武汉、西安等经济、文化和教育发达地区，尤其是北京所占比例最高，依托单位层次高。可以看出，从地域角度，我国农业科技领军人才与我国科技领军人才群体的地域结构存在一致性，同时也体现了农业科研的特殊性，湖北、山东、河南、湖南这些省份，既是农业的主产区，又拥有综合实力较强的农业科研教学单位。

（9）关于研究领域，我国农业科技领军人才中从事农作物品种资源、生物技术相关研究的专家最多，均占 18％左右。

此外，农业科技领军人才都积极参与科技扶贫工作，76.2％的全国农业科研杰出人才及创新团队在当地建立实验示范基地，共吸引 27 万当地劳动力在基地从事生产，组织当地农户参与农业技术培训 30 万次，为打赢脱贫攻坚战做出了积极贡献。

4 我国农业科技领军人才成长过程研究

4.1 成长过程的理论分析

人才成长和发展是作为一个过程展开的，这个过程以生理素质为起点，在教育环境、工作环境、宏观环境、主动学习、实践活动以及人的主观能动性等内外因素的共同作用下，个人素质（生理素质、智能心理素质和非智能心理素质）全面发展，即通俗意义上的"德、智、体"全面发展[112]。

农业科技领军人才的成长过程可以用图 4-1 来表现。外在标志是，其通过创造性科研实践取得的成果被社会或同行广泛认可。根据人才成长规律，

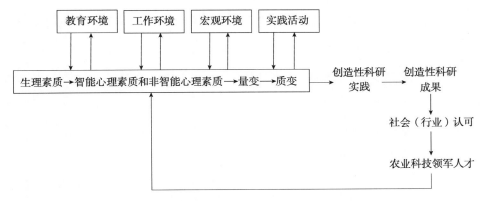

图 4-1　农业科技领军人才成长过程图

农业科技领军人才成长的过程分为三个阶段：人才素质形成阶段、创造性科研实践阶段、社会（行业）承认阶段。

4.1.1　人才素质形成阶段

农业科技领军人才素质，是指在生理素质的基础上经过教育环境、工作环境、宏观环境、主动学习、实践活动以及人的主观能动性等内外因素的影响所形成的良好素养，由德、智、体三要素构成，它们组合起来就形成了农业科技领军人才素质的结构。这一阶段的主要矛盾是解决成才者素质的优化问题，形成合理的知识结构、浓厚的农业科研兴趣、正确的人生目标，具备了对学科前沿的跟踪能力和相对独立的科研能力，在农业科技领军人才成长的全过程中起着基础性作用。就好比要成为参天大树必须扎牢根基，这个阶段取得的成效，直接影响到后面两个阶段素质优化的效果和创造性科研成果的价值。

结合我国的教育实践，本研究认为农业科技领军人才素质形成阶段主要为研究生（含）之前的成长经历。

4.1.2　创造性科研实践阶段

创造性科研实践使农业科技工作者能够进行创造性思维、创造性活动，取得创造性科研成果，既继承了前人的优秀成果，又在理论和实践上有了新的发展，从而把农业科技工作者的理论水平和服务产业发展实践能力推向了新的高度。所以说，通过创造性科研实践取得的科研成果，既是农业科技领军人才素质优化的外在标志，同时也是农业科技领军人才提供给社会（行业）进行农业科技成果评价的重要凭证。

结合我国的职称制度和农业科技工作实际，本研究认为农业科技领军人才创造性科研实践阶段主要为农业科技工作者取得正高级专业技术职称

（含）、取得代表性创新研究成果之前的成长经历。

4.1.3　社会（行业）承认阶段

社会（行业）承认，是指社会（行业）对农业科技工作者和其科研成果进行评价后予以认可的活动。从实际情况而言，农业科技工作者取得创新研究成果后，一般只有经过国家有关部委（中组部、科技部、教育部、农业农村部等）认可后，才能进入农业科技领军人才队伍。得到社会（行业）承认后，社会（行业）就会为农业科技领军人才提供更多发展机会和资源条件，其成果也会被社会（行业）推广和运用。

结合我国的科技奖励制度、人才计划和农业科技工作实际，本研究认为农业科技领军人才社会（行业）承认阶段主要为农业科技工作者获得以下称号后的经历，如农业领域的"两院"院士、国家杰出青年基金获得者、"万人计划"入选者、长江学者、全国农业科研杰出人才、国家重点研发计划主持人、国家现代农业产业技术体系首席科学家、国家科技奖励主要完成人、国家重点实验室主任等。

4.2　成长过程的调查统计分析

农业科技领军人才成长经历划分为：人才素质形成阶段、创造性科研实践阶段、社会（行业）承认阶段。其中，人才素质形成阶段、创造性科研实践阶段为成长阶段，社会（行业）承认阶段为成才阶段。本节从成长角度，以人才素质形成阶段、创造性科研实践阶段两个阶段的调查问卷样本数据为基础，分析我国农业科技领军人才在人才素质形成阶段、创造性科研实践阶段所具备的主要特征及其关键影响因素。

4.2.1　人才素质形成阶段的统计分析

主要指农业科技领军人才在研究生（含）之前的成长经历，包括青少年时期、大学本科教育时期、研究生教育时期以及博士后时期。

（1）青少年时期

俗话说，"三岁看大，七岁看老"，这句话阐述了青少年时期基础教育作用对未来个人成长发展的重要作用。0~18岁期间奠定了青少年的基本素质和品质，对人一生的命运有着至关重要的影响。

①出生地环境影响

人依附自然而存在，地理环境是人才生存成长的必要条件。我国教育体制决定了绝大多数人只能在原籍接受基础教育，人才的地域分布在一定程度上反映了地理环境对人才青少年时期教育的影响。根据对调查问卷的分析，单从籍贯角度来看，农业科研杰出人才分布以下特点：

从区域分布来看，农业科研杰出人才地域分布不均衡，东部和中部的人才数量明显高于西部。如图4-2所示，东部地区有102人，占37.64%；中部地区有113人，占41.70%；西部地区有56人，占20.66%。

从粮食主产区来看，籍贯在粮食主产区的农业科研杰出人才占大多数。通过统计得出，籍贯在湖北、山东、湖南、江苏、河南、安徽、河北、江西、四川、黑龙江、内蒙古、吉林、辽宁等13个省份的数量达196人，占样本总数的72.3%。

从农业发展水平来看，农业发达的地区，农业科研杰出人才数量较多；而农业发展落后的地区，农业科研杰出人才产出较少。如图4-2所示，贵州、西藏地区，农业科研杰出人才产出仅为1人；经济发展水平发达的北京、上海、广州地区农业科研杰出人才产出量分别为2人、2人和1人；而在农业产业发达的江苏、浙江地区，农业科研杰出人才产出量多达23人、21人。

从历史文化积淀来看，文化积淀较为深厚的地区人才数量较多。人才在区域分布上有一定传承性，自科举制度执行以来，状元、榜眼、探花多出自文化积淀较为深厚的苏、浙、鲁、鄂、湘地区。现如今以上地区也是农业科研杰出人才的"摇篮"，如图4-2所示，湖北、山东、湖南、江苏、浙江等地区农业科研杰出人才产出量分别为29人、29人、24人、23人和21人，遥遥领先于其他各省。这五个省的农业科研杰出人才产出占总人数的46.1%。

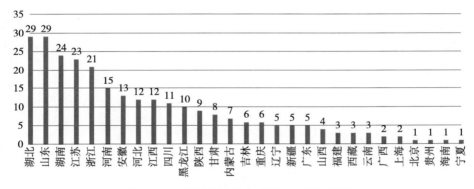

图 4-2　农业科研杰出人才出生地所在省份

②家庭环境的影响

家庭是个人成长的重要空间环境，对青少年的成长起着重要作用。人出生后，家庭是个体接受教育的第一场所，家长在这个过程中扮演着启蒙老师的作用。

本研究从父母受教育程度、父母的教育方式等方面分析家庭对271位农业杰出科研人才的影响。从父母受教育程度来看，如图4-3所示，父母文化水平在高中及以下的有215人，占79.3%；父母文化水平为专科的有30人，占11.1%；父母文化水平为本科的有20人，占7.4%；父母文化水平为研究生的仅有4人，占1.5%。由此可以推断，父母文化水平与成才可能并没有太直接的关系。

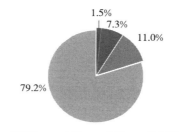

1.5%
7.3%
11.0%
79.2%

■研究生 ■本科 ■专科 ■高中及以下

图 4-3　父母受教育程度

从父母教育方式来看，如图 4-4，有 104 位农业科研杰出人才的父母主张充分自由选择，给予其发散式的教育，占 38.4％；有 131 位农业科研杰出人才的父母给予其较大的自由空间和引导式教育，占 48.3％；有 8 位农业科研杰出人才的父母给予计划、按部就班的目标导向性教育，占 3.0％；另有 27 位农业科研杰出人才的父母给予的教育无明显倾向性，占 10.0％。由此可以推断，引导式教育和发散式教育可能最为有利于人才成长。

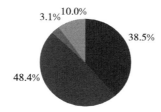

3.1% 10.0%
38.5%
48.4%

■发散式教育 ■引导式教育 ■目标导向性教育 ■其他

图 4-4　父母教育方式选择倾向

③启蒙教育的影响

兴趣是最好的老师，从小培养对科学技术的兴趣对农业科研杰出人才的成长起到了助推作用。如图 4-5，青少年时期对科技兴趣高的农业科研杰出人才有 65 人，占总人数的 24.0％；对科技兴趣较高的有 129 人，占总人数的 47.6％；对科技兴趣一般的有 71 人，占总人数的 26.2％；仅有 1.9％的人对科技完全没有兴趣。由此可以推断，对科技的兴趣可能是影响农业科研杰出人才成长的重要因素。

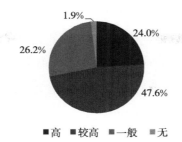

图 4-5　农业科研杰出人才青少年时期对科技的兴趣

④中学学习经历

本研究针对高中就读学校对农业科研杰出人才的影响进行了分析。根据问卷统计，如图 4-6 所示，高中毕业学校为省重点、市重点、县重点、普通学校的样本人才数量分别为 35 人、45 人、124 人、67 人，分别占总数的 12.9％、16.6％、45.8％、24.7％。可见，共有 75.3％的农业科研杰出人才高中毕业于重点学校。由此可以推断，高中学校的教育质量可能对农业科研杰出人才的成长有着重要影响。

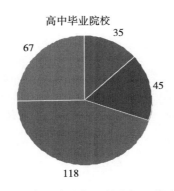

图 4-6　农业科研杰出人才高中毕业院校情况

（2）大学本科教育经历

大学阶段是进行专业基础教育、培养专业知识素养的关键时期，是培养科研兴趣和积累理论知识的过程。

就读大学情况。根据问卷统计，如图4-7，大学期间就读于"985"高校、"211"高校的农业科研杰出人才分别为63人和71人，分别占总数的23.2％和26.2％；就读于普通高校的农业科研杰出人才为131人，占总数的48.3％；仅有5人就读学校不明确。由此可以推断，第一学历对农业科研杰出人才的影响可能不是特别显著。

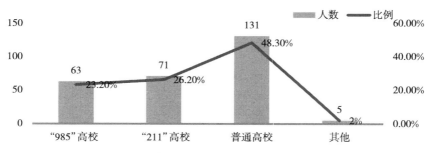

图4-7　农业科研杰出人才就读大学情况

专业课成绩情况。如图4-8，97.4％的农业科研杰出人才在大学期间表现优秀或者出类拔萃。其中，在大学期间专业课成绩优秀的人最多，为171人，占总数的63.1％；其次为学习成绩良好的93人，占总数的34.3％。由此可以推断，具有扎实的专业基础知识可以推动人才的成长。

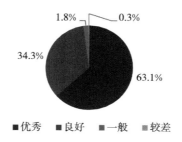

图4-8　农业科研杰出人才大学期间专业课学习成绩

学术和人文环境影响。通过图4-9可以看出，在大学期间对专业发展产生重要影响的14个备选影响因素中，排在前5位的是知名教授讲课、求真务实的精神、学术传统以及参与导师的科研工作。64.6%的人才认为：知名教授讲课是影响人才专业发展的重要因素。正所谓名师出高徒，大学老师的科研态度、思路和办事风格在很大程度上对学生未来的科研道路产生深远的影响。49.8%的农业科研杰出人才认为求真务实的精神是影响人才成长的重要因素。求真的过程是创新的过程，求真的精神可以促进人才创新发展。

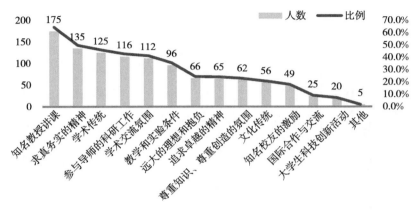

图 4-9　人文环境对专业发展的影响

　　参与科研工作的情况。如图 4-10，在大学期间深度参与科研工作的农业科研杰出人才为 61 人，占总数的 22.5%；一般参与科研工作的农业科研杰出人才为 142 人，占总数的 52.4%；一般了解科研工作的农业科研杰出人才为 45 人，占总数的 16.6%；没有参与科研工作的仅为 22 人，占总数的 8.1%。由上可见，91.9%的农业科研杰出人才在大学期间参与了科研工作。由此可以推断，较早参与科研工作或许对农业科研杰出人才成长有积极的推动作用。

（3）研究生教育经历

　　研究生阶段是进行系统科研训练、科研实践的重要阶段。

　　农业科研杰出人才的硕士和博士学位授予机构的情况见图 4-11。其中，硕士研究生学历授予机构为"985"高校的农业科研杰出人才有 65 人，占总

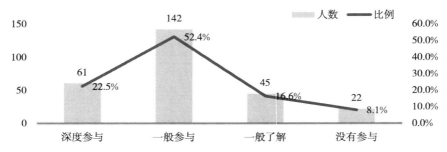

图 4-10　大学期间参与科研工作情况

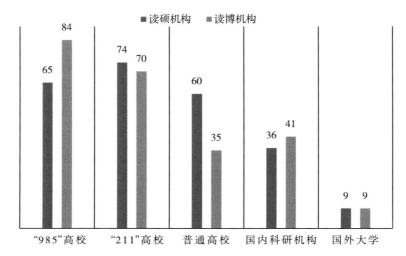

图 4-11　农业科研杰出人才硕博学历授予情况

数的 24.0%；硕士研究生学历授予机构为"211"高校的农业科研杰出人才有 74 人，占总数的 27.3%；硕士研究生学历授予机构为普通高校的农业科研杰出人才有 60 人，占总数的 22.1%；硕士研究生学历授予机构为国内科研机构的农业科研杰出人才有 36 人，占总数的 13.3%；硕士研究生学历授予机构为国外高校的农业科研杰出人才有 9 人，占总数的 3.4%。博士研究生学历授予机构为"985"高校的农业科研杰出人才有 84 人，占总数的 31.0%；博士研究生学历授予机构为"211"高校的农业科研杰出人才有 70 人，占总数的 25.8%；博士研究生学历授予机构为普通高校的农业科研杰出人才有 35 人，占总数的 12.9％；博士研究生学历授予机构为国内科研机构的农业科研杰出人才有 41 人，占总数的 15.1％；博士研究生学历授予机构为国外高校的农业科研杰出人才有 9 人，占总数的 3.4％。

　　通过分析可知，样本数据中一半以上的农业科研杰出人才硕博就读学校为"985"及"211"等重点高校，约 1/5 的农业科研杰出人才硕博就读学校为普通高校，约 1/6 的农业科研杰出人才硕博就读学校为国内科研机构和国外大学。

　　农业科研杰出人才的科研实践情况。见图 4-12。农业科研杰出人才在硕士期间参加过的科研项目在备选选项中排名前 4 的是省部级科研项目、国家科学基金项目、科技支撑计划项目以及企业委托项目。

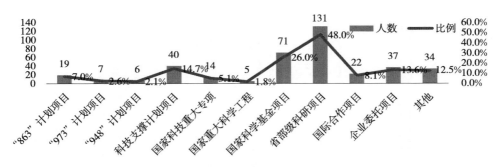

图 4-12　农业科研杰出人才硕士期间参加科研项目情况

　　如图 4-13，农业科研杰出人才在博士阶段参加过的科研项目中，在备选选项中排名前 5 的是省部级科研项目、国家科学基金项目、科技支撑计划项目、"863"计划项目以及国际合作项目。

　　通过对农业科研杰出人才在大学、研究生阶段参与科研工作的情况分析得出，超过 1/2 的人才在大学期间就已经开始参与科研工作，大学、研究生阶段参加的科研项目以省部级科研项目、国家自然科学基金项目为主。此外，学历越高，参加国际合作项目的比例越高。

　　农业科研杰出人才的国际合作交流情况见图 4-14。在国内参加国际会议

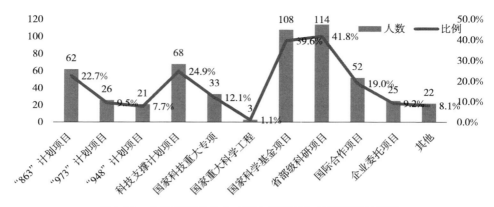

图 4-13　农业科研杰出人才博士期间参与的科研项目情况

的人最多，为 173 人，占总数的 63.3%；参加国际合作研究项目的共 63 人，占总数的 23.1%；出国参加国际会议的共 59 人，占总数的 21.6%；出国进修的共 38 人，占 13.9%，在国外攻读博士学位的有 20 人，占 7.3%。由此可以推断，广泛的国际学术交流或许是创新型人才的成长过程中的关键因素。

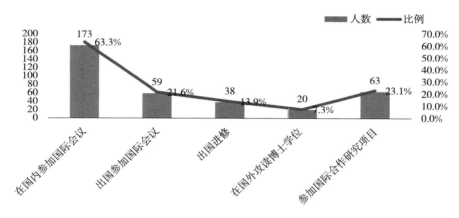

图 4-14　研究生阶段参与国际交流情况

（4）博士后研究经历

博士后研究经历是培养高水平创新型人才的重要环节。

博士后工作机构情况如图 4-15 所示。93 名农业科研杰出人才有博士后阶段研究经历，占总样本比例 34.3%。其中，选择国外大学进行博士后研究工作的人数相对较多，有 43 人，占从事过博士后研究的农业科研杰出人才数量的 46.2%。

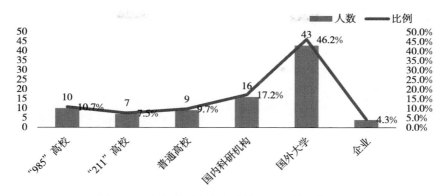

图 4-15　农业科研杰出人才博士后工作机构情况

农业科研杰出人才科研实践情况如图 4-16 所示。农业科研杰出人才在博士后阶段参加过的科研项目在备选选项中排名前 6 位的是国家科学基金项目、国际合作项目、其他项目、省部级项目、"863" 计划项目以及科技支撑项目。与博士阶段相比，博士后阶段参加国际合作项目的比例有所增加。

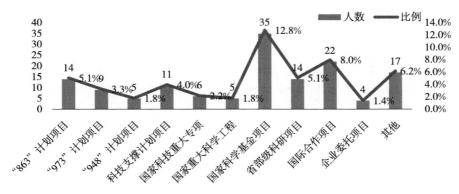

图 4-16　农业科研杰出人才博士后阶段参加科研项目情况

(5) 师承关系影响

一般来说，在名师的指导下，学生在继承与创造的过程中可以少走弯路，会达到事半功倍的效果。

硕士阶段导师影响。164人在硕士阶段的导师为国内知名学者，占总数的60.1%；导师为国际知名学者的为33人，占总数的12.1%；导师为"两院"院士的为18人，占6.6%；导师其他著名学者的为29人，占10.6%。

博士阶段导师影响。导师为国内知名学者的最多，为122人，占总数的44.7%；导师为国际知名学者的为68人，占总数的24.9%；导师为"两院"院士的为43人，占15.7%；导师为其他著名学者的为9人，占3.3%。

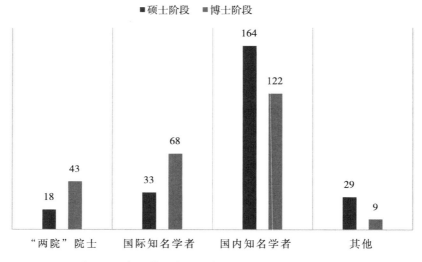

图4-17 农业科研杰出人才研究生阶段导师声誉分析

通过对研究生导师声誉的分析可以得出，2/3以上的人才曾师从于知名学者；学历越高，师从国际名师学者的比例越大。

博士后阶段合作导师影响。如图4-18，在97位从事过博士后研究的农业科研杰出人才中，博士后合作导师为"两院"院士、国际知名学者、国内知名学者的分别有9人、53人和22人。其中，选择国际知名学者合作的人才数量相对较多。

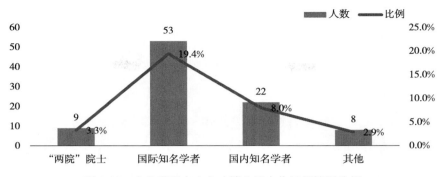

图 4-18 农业科研杰出人才博士后合作导师情况分析

(6) 海外留学和进修影响

国外学习和研究经历对每个人的专业发展影响不尽相同。如图 4-19，154 人表示海外留学开拓了自己的国际化视野，117 人认为海外留学培养了自己创新思维和能力，105 人认为海外留学帮助自己掌握了先进的研究方法，还有 90 人表示通过海外留学建立了国际合作关系。

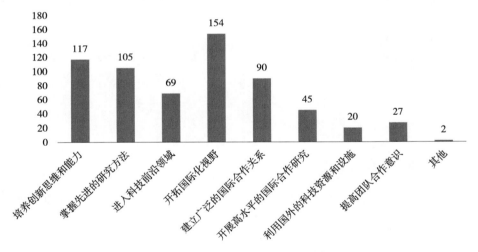

图 4-19 国外学习经历对个人专业发展影响

4.2.2 创造性科研实践阶段的统计分析

农业科技领军人才创造性科研实践阶段主要为农业科技工作者取得正高

级专业技术职称（含）、取得代表性创新研究成果之前的成长经历。

（1）从事科研工作的动因

如图 4-20，有 211 位农业科研杰出人才表示从事科研工作主要是出于对科研的兴趣；有 124 位农业科研杰出人才表示从事科研工作是为了发挥个人专长；还有 117 位农业科研杰出人才从事科研工作是源于导师的引导；只有极少数人表示从事科研工作是为了物质和利益。由此可见，对科研的兴趣、导师的引导、发挥个人专长是农业科研杰出人才从事科研工作的主要动因。

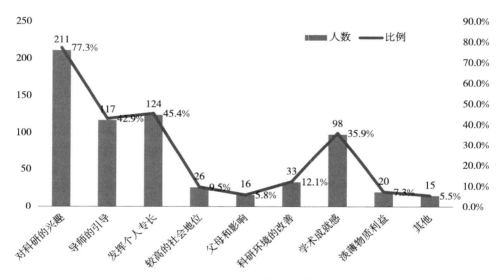

图 4-20　从事科研工作动因

（2）获得重要科研资助经历

如图 4-21，农业科研杰出人才获得科研项目或人才计划的类型排名前 5 的是省部级科研项目、国家科学基金面上项目、国家自然科学基金青年科学基金项目、以及国家博士后科学基金项目。

（3）代表性创新成果取得阶段分析

如图 4-22，代表性创新研究成果的取得阶段为工作后 15～20 年的人数最多，有 134 人，占总数的 49.1%；其次是工作后 10～15 年，有 116 人，

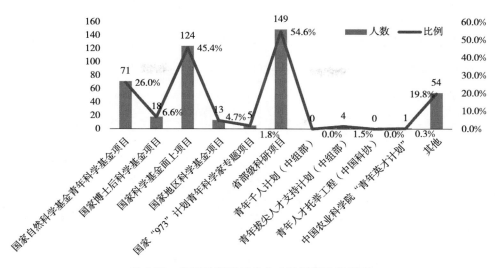

图 4-21　获得科研项目或人才计划资助的类型

占总数的 42.5%；再次是工作后 20～25 年，有 103 人，占总数的 37.7%。取得代表性科研成果的人数从"学校学习阶段"到"工作后 15～20 年"之间呈现递增趋势，这说明人才的成长不是一蹴而就的，需要经过长期积累和沉淀；从"工作后 15～20 年"到"工作 25 年以后"呈现递减趋势，说明科研工作也会受时间和精力的影响。

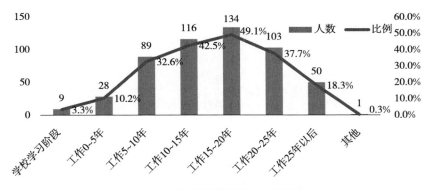

图 4-22　代表性科研成果取得阶段

（4）职称/职务升迁年龄分析

如图 4-23，31～35 岁晋升副高职称的人数最多，为 172 人，占总数的

63.0%；其次是 26～30 岁晋升副高职称的人数，为 72 人，占总数的 26.4%；晋升副高职称年龄在 36～40 岁的人数为 22 人，占总数的 8.1%；晋升副高职称年龄在 25 岁以下以及在 41～45 岁的人数均为 2 人，各占总数的 0.7%。

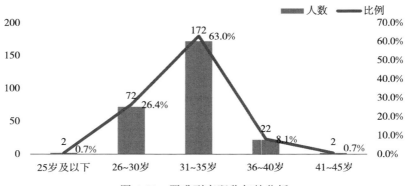

图 4-23　晋升副高职称年龄分析

如图 4-24，36～40 岁晋升正高职称的人数最多，为 152 人，占总数的 55.7%；其次是 31～35 岁晋升正高职称的人数，为 78 人，占总数的 28.6%；晋升正高职称年龄在 41～45 岁的人数为 33 人，占总数的 12.1%；晋升正高职称年龄在 30 岁及以下和 45 岁及以上的人数分别为 4 人和 3 人，分别占总数的 1.5% 和 1.1%。

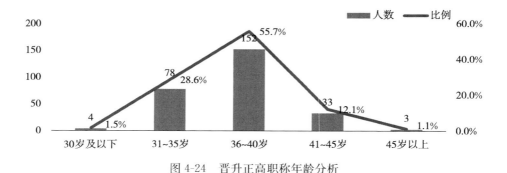

图 4-24　晋升正高职称年龄分析

4.2.3　成长经历问卷调查结果分析

根据以上样本成长经历的统计数据，可以分析出影响我国农业科技领军人才成长的一些关键因素。

(1) 教育因素

1) 教育环境

地理区位：东部和中部的农业科研杰出人才数量明显高于西部。文化积淀较为深厚地区的农业科研杰出人才数量较多，这与本研究第1章通过文献研究发现的我国科技领军人才的地域分布情况一致。籍贯在粮食主产区（13个省）的农业科研杰出人才占大多数（72.3%）。这种分布情况体现了农业行业较强的区域性，农业科研杰出人才从小就受到粮食主产区潜移默化的影响。

家庭教育：父母文化水平与农业科研杰出人才成才可能并没有太直接的关系，79.3%的农业科研杰出人才的父母文化水平在高中学历以下。

高中学校影响：高中学校的教育质量对农业科研杰出人才的成长有着重要影响，75.3%的农业科研杰出人才高中毕业于重点学校。

大学本科教育：48.3%的农业科研杰出人才就读于普通高校，第一学历对农业科研杰出人才的影响可能不是特别明显。这一情况可能和其他行业领军人才的第一学历分布不同，也体现了农业科技领军人才本身应该具备吃苦耐劳的品质、积极向上的进取精神。

硕士研究生教育：57%的农业科研杰出人才在硕士研究生期间就读"985""211"高等学校，与本研究第1章通过文献研究发现的我国科技领军人才的研究生学历分布情况一致。

博士研究生教育：64.4%的农业科研杰出人才毕业于"985""211"高等学校，与本研究第1章通过文献研究发现的我国科技领军人才的研究生学历分布情况一致。

师从名师：2/3以上的农业科研杰出人才曾师从于知名学者；学历越高，师从国际名师学者的比例越大。这在一定程度上验证了领军人才成长的师承效应规律。

2）主动学习

具有扎实的专业基础知识：在大学期间专业课成绩优秀、良好的比例达97.4%。

海外留学与进修：大部分人表示海外留学开拓了自己的国际化视野、培养了自己创新思维和能力、帮助自己掌握了先进的研究方法。

参与重大科研项目：超过1/2的人才在大学期间就已经开始参与科研工作，大学、研究生阶段参加的科研项目以省部级科研项目、国家自然科学基金项目为主。此外，学历越高，参加国际合作项目的比例越高。

（2）个人素质

从事科研主要动力：科研的兴趣、导师的引导、发挥个人专长。

获得主要科研项目：省部级科研项目、国家科学基金面上项目、国家自然科学基金青年科学基金项目、国家博士后科学基金项目。

晋升副高职称年龄：63.0%的农业科研杰出人才在31～35岁晋升副高职称。26.4%的农业科研杰出人才在26～30岁晋升副高职称。

晋升正高职称年龄：55.7%的农业科研杰出人才在36～40岁晋升正高职称；28.6%的农业科研杰出人才在31～35岁晋升正高职称。

代表性创新成果取得阶段：49.1%的农业科研杰出人才在工作之后的15～20年取得代表性创新成果。42.5%的农业科研杰出人才在工作之后的10～15年取得代表性创新成果。37.7%的农业科研杰出人才在工作之后的20～25年取得代表性创新成果。

5 农业科技领军人才政策分析

科技人才政策就是国家机关、政党及其他政治团体为了规范科技人才行为而制定的行为准则，主要包括法令、方法、条例等。具体到农业领域，本研究认为，农业科技人才政策是党和国家在一定历史阶段为保证农业科技人才的成长和发挥作用，使科技人才更好地服务于农业经济和社会发展而制定的指导方针和行动准则，有的直接就是农业科技人才政策，有的则是包含农业科技人才政策之内的科技政策、农业科技政策、科技人才政策等。其中，专门针对农业科技领军人才的政策较少。因此，要研究农业科技领军人才政策，还需要研究一般的科技人才政策。

党的十八大以来，中央着眼于破除人才发展的思想观念和体制机制障碍，解放和增强人才活力，出台了《中共中央关于深化人才发展体制机制改革的意见》（中发〔2016〕9号）等一系列推动人才发展体制机制改革的政策措施，以扩大科研自主权和强化用人单位主体责任为重点，以创新和完善人才分类管理、分类评价机制为突破口，从管理、培养、评价、流动、激励、引进、发展保障等方面，强调建立和完善有利于优秀拔尖人才发挥作用、有利于青年人才脱颖而出、有利于队伍创新能力提升和结构动态优化的人才制度体系，为科研人员松绑，增强科研人员获得感，营造开放包容、科学诚信的外部环境，在科研人员收入分配、分类评价、自主权、科技人才流动等方面加快推进政策落实"最后一公里"，不断激发人才内生活力，为人才队伍建设注入强大动能。

5.1 科技人才评价政策

科技评价是科技创新活动的"指挥棒"和"风向标"。习近平总书记指出，要改革科技评价制度，正确评价科技创新成果的科学价值、技术价值、经济价值、社会价值、文化价值，把人的创造性活动从不合理的经费管理、人才评价等体制中解放出来；要创新人才评价机制，建立健全以创新能力、质量、贡献为导向的科技人才评价体系，形成并实施有利于科技人才潜心研究和创新的评价制度，为新时期科技人才评价改革发展指明了方向。

5.1.1 评价导向方面

突出品德、能力、业绩和贡献评价导向，深入推动破除"SCI 至上"，强调破"四唯"（唯论文、唯职称、唯学历、唯奖项）等硬措施。把学科领域活跃度和影响力、重要学术组织或期刊任职、研发成果原创性、成果转化效益、科技服务满意度等作为重要评价指标；不以数量"论英雄"，推行代表作评价，注重标志性成果的质量、贡献、影响；在对社会公益性研究、应用技术开发等类型科研人才的评价中，SCI 和核心期刊论文发表数量、论文引用榜单和影响因子排名等仅作为评价参考。对创新团队负责人评价中，以把握研究发展方向、学术造诣水平、组织协调和团队建设等为评价重点；尊重认可团队所有参与者的实际贡献，杜绝无实质贡献的虚假挂名。

5.1.2 评价方式方面

实行科技人才分类评价。2018 年 2 月中共中央办公厅、国务院办公厅印发《关于分类推进人才评价机制改革的指导意见》，提出以职业属性和岗位要求为基础，建立体现不同职业、不同岗位、不同层次人才特点的分类评价标准和评价机制，引导鼓励科研人员潜心研究、教师上讲台、医生到临床、工程师到实验室和厂房工地、农技人员到田间地头，让各类专业技术人才在不同岗位上建功立业、做出贡献。推动建立同行专家评价制度机制，注重树立用户和市场评价。对主要从事基础研究的人才，着重评价其提出和解决重大科学问题的原创能力，成果的科学价值、学术水平和影响等；对主要从事应用研究和技术开发的人才，着重评价其技术创新与集成能力、取得的自主知识产权和重大技术突破、成果转化、对产业发展的实际贡献等；对从事社会公益研究、科技管理服务和实验技术的人才，重在评价考核工作绩效，引导其提高服务水平和技术支持能力。

5.1.3　评价结果使用方面

中共中央在"三评"改革、分类推进人才评价改革意见、优化科研管理提升科研绩效若干措施等重大改革文件中，都强调了要回归人才荣誉称号学术性、荣誉性本质。由中组部牵头的中央人才工作协调小组，积极推进省/自治区/直辖市和副省级城市人才计划优化整合工作，努力解决人才"帽子"满天飞问题，减少各地人才计划数量，有效避免重复支持，切断人才荣誉称号与相关利益的直接联系，遏制地区之间、单位之间"以帽取人""按帽标价"引发的无序"挖人"现象，进一步规范人才称号使用和入选者流动。

5.1.4　职称制度改革方面

2017 年中共中央办公厅、国务院办公厅印发《关于深化职称制度改革的意见》，提出了健全职称制度体系、完善职称评价标准、加强职称评价与人才培养使用相结合、下放职称评审权限等一系列针对性的深化改革措施。

2019 年，人力资源和社会保障部、农业农村部印发《关于深化农业系列职称制度改革的指导意见》，有序下放职称评审权限，保障用人主体自主权，将副高级职称评审权限下放给中国农科院院属研究所，将中初级职称评审和认定权限全部下放至部属各单位，充分保障用人主体在职称评审中的主导作用。完善全国农业技术推广研究员评审政策，弱化基层申报人员学历等限制条件，将正高级职称评审权限有序下放到各省，提高县乡两级基层农技推广研究员的比例。

5.2 科技人才激励政策

科技人才创新创业激励政策旨在激发科技人才创新创业的内驱力，释放科技人才活力。党的十八大以来，深入推进工资制度改革，从实行三元结构工资制到系统设计以知识价值为导向的收入分配制度，明确分配导向，完善科技人才成果转化和创新创业激励制度，让科研人员"名利双收"。

5.2.1 工资制度方面

结合岗位设置完善工资制度，针对基础研究开展稳定经费保障，增强科研项目资金的激励导向作用。如允许试点单位从基本科研业务费、中国科学院战略性先导科技专项经费等稳定支持科研经费中提取不超过 20％作为奖励经费。对试验设备依赖程度低和实验材料耗费少的智力密集型项目，提高间接经费比例，500 万元以下的部分为不超过 30％，500 万～1 000 万元的部分为不超过 25％，1 000 万元以上的部分为不超过 20％。对纯理论基础研究项目，可进一步根据实际情况适当调整间接经费比例。间接经费的使用应向创新绩效突出的团队和个人倾斜。农业科研院所方面，2018 年中国农业科学院印发《中国农业科学院高层次人才柔性引进管理暂行办法》（农科院党组发〔2018〕20号），提出院属单位在柔性引进人才充分协商的基础上，采取年薪制或协议工资等形式，确定柔性引进人才的薪酬待遇，按照"一人一策"的方式，保障科研工作需要及生活条件等。

5.2.2 科技成果转化方面

国务院印发《国家技术转移体系建设方案》（国发〔2017〕44号），针对技术性的国有资产的处置、科技人员成果转化的奖励等问题，提出了改革突破的方向。针对技术转移过程中高校、科研院所等单位领导履行成果定价决策职责、科技管理人员履行项目立项与管理职责等，健全激励机制和容错纠错机制。《关于支持中央单位深入参与所在区域全面创新改革试验的通知》（发改办高技〔2018〕29号）要求，中央所属高校院所及中央企业所属单位，要按照国家有关法律法规的要求，通过与职务发明人（团队）事先协商的方式，确定转化收益分配的方式、数额和比例，适度提高骨干团队和主要发明人的收益比例。加大高校、科研院所和国有企业科研人员科技成果转化股权激励力度。《国务院关于优化科研管理提升科研绩效若干措施的通知》（国发〔2018〕25号）规定，科研人员获得的职务科技成果转化现金奖励计入当年本单位绩效工资总量，但不受总量限制，不纳入总量基数。调整成果转化奖励中个人所得税。财政部、国家税务总局、科技部联合发布《关于科技人员取得职务科技成果转化现金奖励有关个人所得税政策的通知》（国发财税〔2018〕58号），依法批准设立的非营利性研究开发机构和高校从职务科技成果转化收入中给予科技人员的现金奖励，可减按50%计入科技人员当月"工资、薪金所得"，依法缴纳个人所得税，保障科研人员成果转化收益。2014年以来，农业部在中纪委、中组部等部门支持下，联合科技部、财政部、教育部、人社部开展种业人才发展和科研成果权益改革试点工作并在全国推开，通过依法赋权、分类管理、阳光运作、统筹兼顾，实施股权激励、提高收益分配比例、兑现成果转化现金收益，建立了种业人才激励、流动的新机制，核心是科研人员个人将从其成果中获得直接回报，而且比例不低于40％。

5.3 科技人才流动与服务保障政策

科技人才流动与服务保障政策旨在破除人才流动障碍，打破户籍、地域、身份、学历、人事关系等制约，实现人才资源合理流动、有效配置。近几年，国务院及各部门出台相应政策文件，以增加知识价值为导向的分配政策和推动创新创业高质量发展为主线，支持科技人才与企业合作、兼职和离岗创业、提升创新创业质量等措施更彻底地扩大自主权、放"钱"和激发创业动力，使科研人员收入与岗位职责、工作业绩、实际贡献紧密联系。

5.3.1 鼓励创新创业方面

《国务院关于强化实施创新驱动发展战略进一步推进大众创业万众创新深入发展的意见》（国发〔2017〕37号）、《国务院关于推动创新创业高质量发展 打造"双创"升级版的意见》（国发〔2018〕32号），明确了科技人才创新创业细则，对科教类事业单位实施差异化分类指导，出台鼓励和支持科研人员离岗创业实施细则。健全科研人员评价机制，将科研人员参与创业项目的情况作为职称评审、岗位竞聘、绩效考核、收入分配、续签合同等的重要依据。建立完善科研人员校企、院企共建双聘机制。人社部出台《关于支持和鼓励事业单位专业技术人员创新创业的指导意见》（人社部规〔2017〕4号）进一步明确了相关待遇和保障措施。主要包括：专业技术人员在企业挂职或参与合作期间，仍享有参加职称评审、项目申报、岗位竞聘、培训、考核、奖励等方面的权利，对于业绩突出者在岗位竞聘时给予倾斜。年度考核可评定为优秀，且不占用单位比例。事业单位对离岗创业人员离岗期间空出来的岗位可根据工作需要，用于聘用急需人才，离岗创业人员返回后，可暂时突破岗位总量聘用并逐步消化。专业技术人员离岗创业在 3 年保留身份期间，可提前返岗。离岗创业人员继续在原单位参加社会保险、工资、医疗等待遇和办理退休手续，在所在企业缴纳工伤保险。

5.3.2　畅通科技人才流动渠道方面

《中共教育部党组关于加快直属高校高层次人才发展的指导意见》（教党〔2017〕40 号）鼓励高校在与科研机构、企业签署人才流动共享协议的基础上，通过协同创新、建立联合实验室、联合开展重大科研攻关等方式，实现人才资源优势互补。教学科研人员在学校同意的前提下，按规范的制度和程序到科研机构、企业兼职。高校可根据实际需要设立一定比例的流动岗位，吸纳企业、科研机构、行业部门和其他组织优秀人才到学校兼职。《教育部办公厅关于坚持正确导向促进高校高层次人才合理有序流动的通知》（教人厅〔2017〕1 号）指出，高校高层次人才流动要服从服务于立德树人根本任务和高等教育改革发展稳定大局，服从服务于西部大开发、东北老工业基地振兴和"一带一路"等国家重大发展战略。2015 年，农业部印发的《关于深化农业科技体制机制改革，加快实施创新驱动发展战略的意见》明确提出：要优化农业科技创新力量布局，鼓励有条件省份通过机构重组、合作、共建、人员互相兼职等方式，开展地市级农业科研院所与农技推广机构资源整合试点；改进薪酬和岗位管理制度。破除人才流动的体制机制障碍，促进农业科技人员按照市场规则自由流动，实现人尽其才、才尽其用。鼓励农业科研院校的科研人员经所在单位批准，带科研项目和成果、保留基本待遇到企业工作或创办企业。鼓励农业科研院校设立一定比例流动岗位，吸引有创新实践经验的企业家和企业科技人才兼职。

5.4 科技人才法治建设

人才法治建设是推进人才管理工作科学化、规范化的重要内容，也是健全人才法律法规体系、实施人才强国战略的重要保障。已经制定的有关科技人才方面的法律法规主要有：《中华人民共和国科学技术进步法》《中华人民共和国科学技术普及法》《中华人民共和国专利法》等。特别是党的十八大以来，我国新修订实施了《中华人民共和国教育法》《中华人民共和国促进科技成果转化法》等，这些法律法规的实施，为我国科技人才事业发展提供了强有力的制度保障。

修订后的《中华人民共和国科学技术进步法》，坚持以人为本，从培养、奖励、权益保障、职业道德等多个方面，对调动和保护科技人员创新的积极性做了规定：科技人员享有开展学术争鸣、竞聘岗位和获得专业技术职务或者职称、获得工资和福利、接受继续教育、依法创办和加入科技社会团体的权利；对回国科技人员从事科研工作，不受户籍限制，不受编制限制，不受工资总额限制；要求科技人员恪守职业道德，不得在科学技术活动中弄虚作假，并通过建立科技人员学术诚信档案予以规范和监督。

新修订的《中华人民共和国促进科技成果转化法》新增和调整了科技成果转化约 30 余项管理制度，主要包括：健全科技成果处置收益分配制度，完善科技成果转化的评价体系，加大对科研人员的激励力度，强化企业在科技成果转化中的主体作用，加强科技成果信息发布和转化服务，支持建设公共研究开发平台，推动科技成果转化资金多元化发展，简政放权、适应政府职能转变，推动军民科技成果相互转移、转化等方面。

2018 年 12 月 5 日，国务院总理李克强主持召开国务院常务会议，通过《中华人民共和国专利法修正案（草案）》，着眼加大对侵犯知识产权的打击力度，借鉴国际做法，大幅提高故意侵犯、假冒专利的赔偿和罚款额，显著增加侵权成本，震慑违法行为；明确了侵权人配合提供相关资料的举证责任，提出网络服务提供者未及时阻止侵权行为须承担连带责任。草案还明确了发明人或设计人合理分享职务发明创造收益的激励机制，并完善了专利授权制度。

5.5　深化院士制度改革

院士已经成为我国科学研究的重要力量，在我国科学界和社会上享有崇高的威望。针对院士制度中诟病较多的终身制、官本位、头衔利益化等问题，2013年党的十八届三中全会提出了改革院士制度的要求，改革院士遴选和管理体制，优化学科布局，提高中青年人才比例，实行院士退休和退出制度。按照党中央对院士制度改革的部署，中国科学院和中国工程院近几年不断修订新章程，深入推进院士增选管理体制改革，稳步推进院士退休退出制度，院士遴选、学术兼职、科学道德管理更加规范，院士称号进一步回归学术性、荣誉性本质。

5.5.1　改进提名方式

取消国务院各部门、各省、自治区、直辖市和有关大型企业等"归口遴选部门"的提名途径，贯彻学术导向，减少行政干预，仅保留院士提名和中国科协提名两条渠道。在农业领域，作为重要渠道之一，由中国农学会向中国科技协会（以下简称中国科协）推荐，再由中国科协提名。截至2019年，中国农学会共计推荐28人当选"两院"院士，其中，中国科学院石元春、庄巧生、阎隆飞、吴常信、张启发等院士5人，中国工程院袁隆平、盖钧镒、陈剑平、沈荣显、赵法箴、方智远、傅廷栋、向仲怀、汪懋华、任继周、张子仪、范云六、董玉琛、唐启升、郭予元、夏德全等院士 23 人。完善增选工作流程，实行全院全体院士大会终选投票，进一步扩大院士增选的民主和共识度，有利于提高当选院士的认可度，也有利于加强对交叉学科候选人的把关。

5.5.2 提高中青年院士比例

各提名候选人渠道加强对长期工作在工程技术第一线并做出重大成就和贡献的工程科技专家以及优秀中青年工程科技专家的提名。被提名人的年龄上限由 70 周岁降低为 65 周岁，遴选更多优秀的中青年科学家加入院士队伍，改善院士队伍年龄结构。修订外籍院士增选工作程序，增选了一批具有较高国际声望和影响力的外籍院士。

5.5.3 规范院士兼职管理

加强院士兼职管理，要求院士不能充分尽责的职务不要兼任。按公务员管理的院士兼职，应当根据《中华人民共和国公务员法》规定履行批准程序，不得领取兼职报酬；担任国有企业负责人的院士兼职，按照国家对国有企业负责人薪酬管理有关规定，不得兼职取薪；军队院士兼职，按军队有关规定执行。

5.5.4 健全院士退出机制

修订院士章程，建立院士主动放弃院士称号、劝退和撤销院士称号等三类退出机制，修订《院士违背科学道德行为处理办法》，规范对违反党纪政纪院士的处理。根据党中央和国务院要求，稳步推进院士退休工作，鼓励退休院士以适当形式继续在战略咨询、人才培养和科技创新等工作中发挥积极作用。

5.6　深化科技奖励制度改革

党的十八大以来，根据党中央、国务院对科技体制改革的部署和要求，以"提高质量、减少数量、优化结构、规范程序"为重点，深入推进科技奖励制度改革。2017年经国家科技体制改革和创新体系建设领导小组会议、中央全面深化改革领导小组会议审议通过，出台了《关于深化科技奖励制度改革的方案》(国办函〔2017〕55号)，为科技奖励改革指明了方向，强化奖励的荣誉性和对人的激励，国家科学技术奖的学术性、公信力、荣誉性得到进一步彰显。

5.6.1　强化奖励导向

实行提名制，改革由行政部门下达推荐指标、科技人员申请报奖、推荐单位筛选推荐的方式，实行由专家学者、组织机构、相关部门提名的制度，放开外籍人员申报奖项，三大奖奖励对象由"公民"改为"个人"，推动实现外籍人士平等参与国家科学技术奖励评选活动；突出对创新团队和青年科技人才的激励。2012年在国家科学技术进步奖中试点设立创新团队奖励，每年奖励不超过3个团队，2013年国家自然科学奖首次为40岁以下的青年科学家设立专门推荐渠道，不受推荐指标限制；加强科技成果的时间沉淀和实践检验，在所有项目必须应用3年以上方可推荐的基础上，列入国家计划的项目从2012年起还要求整体验收2年后方可推荐，杜绝中间成果评奖，同一成果不得重复报奖；加大获奖人再次报奖的时间间隔，所有获奖的完成人被推荐参评必须间隔2年以上。

5.6.2　完善分类评价体系

实行分类评价、定标评审。国家自然科学奖围绕原创性、公认度和科学价值，国家技术发明奖围绕首创性、先进性和技术价值，国家科技进步奖围绕创新性、应用效益和经济社会价值。三大奖的一、二等奖项目实行按等级标准提名、独立评审表决机制，一等奖评审落选项目不再降格参评二等奖；实行质量评价、定额评审，减少奖励数量，三大奖总数由不超过 400 项减少到不超过 300 项；优化奖励结构，改进各领域奖励指标与受理数量按既定比例挂钩的做法，注重质量评价，自然科学奖提交论文和专著数量由不超过 20 篇减少为不超过 8 篇；实行同行评议、视频答辩，从 2012 年开始试行并推广小同行专家审读评议，最高奖增设学术咨询环节，对所有通过初评的国家技术发明奖和国家科技进步奖项目均进行行业咨询，从 2013 年开始国家科技进步奖通用项目初评和评审全部实行网络视频答辩。

5.6.3　健全科技奖诚信制度

全程监督科技奖励活动，完善异议处理制度，明确提名者、被提名者、评审专家、组织者等各奖励活动主体的纪律要求，建立科技奖励诚信档案，严惩学术不端行为。

5.7　现行科技领军人才政策的分析

综上所述，我国科技领军人才培养、评价、流动、激励、引进、发展保障的政策具有多元性，根据对现阶段人才政策多角度、多层次的分析，可以发现：我国农业科技人才的相关政策日渐细致、全面，涉及的部委、机构也越来越多，多个部委、机构共同监管、实施的情况比较普遍。

从对象上看。在我国现有的人才政策、科技政策中，有的政策是专门针对科技领军人才的，有的则是整体的人才政策，其中包含对科技领军人才培养、评价、流动、激励、引进、发展保障的举措。此外，与科技领军人才政策配套的，还有大量关于机制体制改革的规定，它们同样或单独成文，或包含在整体政策中。这些一般和特定的政策，一起构成了我国农业科技领军人才培养、评价、流动、激励、发展保障的政策体系。

从内容上看。培养、引进和使用，是人才政策的三大主要内容。在对科技人才培养的政策中，大多首先设定了培养的预期目标，根据实际情况拟定了培养计划，并对相关部门和机构提出了具体的管理和支持要求。在科技人才引进的政策中，首先对政策适用对象做了明确界定，设定了各项申请或人选条件，并对符合条件的人选给予各项具体的优惠和吸引措施。在科技人才使用的相关政策中，不仅包括对人才的考核和管理，还包括对人才的评价和激励等。

从颁布机构上看，围绕培养、引进、使用农业科技人才，中央、各部委和机构分别出台了各项综合或专项政策。其中，主要集中在党中央、国务院、中组部、教育部、科技部、人力资源和社会保障部、农业农村部以及中国农业科学院等。

从适用地区上看，为了兼顾国家整体层面的宏观调控和局部地区的人才建设两方面的协调发展，我国科技人才的培养、引进和使用政策可以分为国家层面和地区层面两类。国家层面的政策，面向全国范围；而地区层面的政策则重在地区发展，其中有为了协调我国人才发展区域不平衡的大区域性的人才政策，也包括各省、市以及农业科研教学单位等结合自身特点在国家政策下制定的具体措施。

从政策的层次范围来看。中共中央发布的《中共中央关于深化人才发展体制机制改革的意见》（中发〔2016〕9号）是我国改革发展进入关键阶段人才工作的行动纲领，各部门认真贯彻落实中央精神，加快推进人才体制机制改革重点任务和关键环节改革，出台了一系列针对性强、改革力度大的政策措施，一手抓改革，一手抓落实，推动改革措施取得积极成效。

6 我国农业科技领军人才成长的影响因素理论研究

　　根据内外因辩证关系原理，在内外因的双重作用下农业科技领军人才成长成才。在这一过程中，内在因素发挥着决定性作用，但是在某一阶段，外部环境也同样会起到决定性的作用。本章将从理论层面分别对内在因素、外在因素影响我国农业科技领军人才成长的机理开展研究，提出我国农业科技领军人才成长的影响因素结构和假设。

6.1　内在因素对农业科技领军人才成长影响机理分析

6.1.1　内在因素的分类

　　内在因素即人才成长的内部素质，是德、识、才、学、体诸多要素有机结合的综合体，可分为两类：生理因素和心理因素。生理因素是人体的生命活动及体内各器官的结构和机能，主要包括身体健康状况、先天智力水平。一般来说，科技人才具有比一般人更好的生理素质，如强健的体魄、充沛的精力、较高的智商。当然不排除部分身体不健康的人也能成为人才的可能性，例如物理学家霍金就是典型的案例。心理因素是在建立在人的心理、意识和精神运行机制基础上的素质体系，即通过后天实践而形成的素质，根据智能属性，可以分为智能心理因素和非智能心理因素。其中，智能心理因素是人才进行创造性劳动的关键因素，主要包括知识结构和能力结构。非智能心理因素体现了"德"的内涵，主要由人才的品德结构和个性结构组成（图 6-1）[109]。

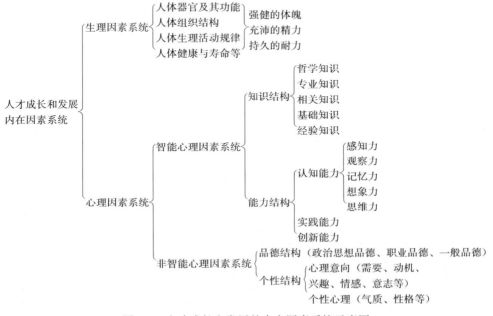

图 6-1　人才成长和发展的内在因素系统示意图

叶忠海（2013）在《新编人才学通论》中全面描绘了人才成长和发展的内在因素系统（图 6-1）。本研究根据以上理论基础，结合农业领域实际情况并考虑应用调查问卷李克特量表进行打分的操作性，将农业科技领军人才成长的内在因素归类整理如下（图 6-2）。

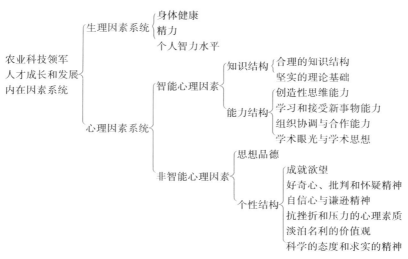

图 6-2　农业科技领军人才成长和发展的内在因素系统示意图

6.1.2　内在因素在人才成长中的作用

内在因素是人才成长和发展的根本，在农业科技领军人才成长中，相对于成长环境而言，内在因素的地位和作用是第一位的。

（1）生理因素在农业科技领军人才成长中的作用

毛泽东主席讲过，"身体是革命的本钱"，阐述了身体健康对于革命事业的重要性。对于农业科技领军人才来说，身体健康作为能顺利开展科研实践活动的前提条件尤为重要。身体的健康，有利于延长人的寿命，保持工作精力旺盛，保持积极乐观的情绪，进而影响学习效率和科研创新活力。农业科技领军人才面对的科研活动对象是有生命的农业，科研成果的实验和应用大多在农业生产一线。研究农作物的农业科技领军人才，需经常深入田间地头；研究畜牧业的农业科技领军人才，需经常到牛棚猪舍；研究水产的农业科技领军人才，需经常到池塘和海域，这些都要求农业科技领军人才的身体保持健康甚至优于常人。"杂交水稻之父"袁隆平 90 岁时仍坚持到田间地头开展科研工作，为我国国家粮食安全做出了卓越贡献，可以看出，身体健康是农业科技领军人才成长的基础和本源。个人智商如果用 IQ 来表示，正常人在90～109，110～119 为中上水平，120～139 为优秀，140 以上可以称为天才。国际上公认，目前人类大脑的开发只有 5%～10%。个人智力水平作为先天遗传因素和后天开发的综合因素，正常水平及以上的个人智商作为必要条件，对农业科技领军人才的成长起着基础作用。

（2）智能心理因素在农业科技领军人才成长中的作用

智能心理因素是农业科技领军人才掌握科研规律、开展科研活动、创新农业技术理论和解决产业技术发展难题的基本条件，是农业科技领军人才区别于普通农业科技工作者的基本所在。由图 6-2 可知，智能心理因素包括知识结构、能力结构。

17 世纪英国哲学家培根说："知识就是力量"。对于农业科技领军人才来说，知识因素包括哲学知识、专业知识、一般基础知识等。其中，哲学知识，如优秀的中华文化中儒家、道家、法家、墨家等哲学思想，辩证唯物主义、历史唯物主义等，为农业科技领军人才成长提供了正确的世界观和方法论；专业知识，如农业基因组学、植物保护学、动物营养学、兽医学等，是农业科技领军人才知识结构的核心，是区别于其他类型人才的主要依据；一般基础知识，如语文、数学、外语、化学、计算机等，这些是掌握专业知识的基础，这些知识掌握得越扎实，学习和拓展知识面的能力就越强。上述知识因素间相互作用，构建了农业科技领军人才的知识结构，合理并优化的知识结构保证了农业科技领军人才开展科研实践的成功。

能力因素的发展水平，决定着农业科技工作者开展科研实践活动的水平，从而决定着农业科技领军人才成长和发展的水平。对于农业科技领军人才来说，能力因素包括创新性思维能力、学习和接受新事物能力、组织协调和合作能力、学术眼光和学术思想。其中，创新性思维能力是农业科技领军人才进行科研实践活动的"关键钥匙"，能够对科研方法和理论进行创新，从而能够对本领域未来研究做出前瞻性、独见性、创新性的判断。学习和接受新事物能力是农业科技领军人才能力因素的重要基础，当前，科技发展日新月异，农业科技发展也不例外，基因编辑、合成生物学、智能装备和智慧农业、农业纳米技术等新的农业科技不断取得新突破，创新周期越来越短、创新速度越来越快，这就要求农业科技领军人才不断学习和接受新事物，才能满足创新性科研实践的需要。组织协调和合作能力是农业科技领军人才中"领军"的能力表现，实践证明，重大农业科研成果的取得一般都需要跨单位、跨学科、跨区域联合协作、集中力量办大事的平台载体，单打独斗、各自为战是不可能取得重大科研成果的。这就需要农业科技领军人才具备较好的组织协调和合作能力，才能够协调各方资源，能够跨地区、跨单位组织同行学者开展科技攻关。学术眼光和学术思想是农业科技领军人才在同行内开展学术交流与合作的基础，能够引领学科发展方向。

（3）非智能心理因素在农业科技领军人才成长中的作用

根据图 6-2 可知，非智能心理因素包括思想品德和个性结构。

司马光在《资治通鉴》中写道："才者，德之资也；德者，才之帅也"。德对才起着统师作用。2018 年中共中央办公厅、国务院办公厅印发《关于分类推进人才评价机制改革的指导意见》，把品德作为人才评价的首要内容，提出加强对人才科学精神、职业道德、从业操守等的评价考核，倡导诚实守信，强化社会责任，抵制心浮气躁、急功近利等不良风气，从严治理弄虚作假和学术不端行为。可见，思想品德是农业科技领军人才的灵魂，主要包括：具有胸怀祖国、服务人民的爱国精神，勇攀高峰、敢为人先的创新精神，追求真理、严谨治学的求实精神，淡泊名利、潜心研究的奉献精神，集智攻关、团结协作的协同精神，甘为人梯、奖掖后学的育人精神。

著名科学家爱因斯坦说过："智力上的成就，在很大程度上依赖于性格的伟大"。据史书记载，曾国藩小时候智力平平，甚至可以说低于常人智力，考了 7 次才中秀才，但最终能够成为晚清的名臣，很大程度上取决于他"越挫越勇"的性格。对于农业科技领军人才来说，科研兴趣、成就欲望、好奇心和怀疑精神、自信心与谦虚精神、抗挫折和压力的心理素质等个性结构至关重要，正如马克思说过的："在科学上没有平坦的大道，只有不畏劳苦沿着陡峭山路攀登的人才有希望达到光辉的顶点"。

6.1.3　内在因素之间的相互关系分析

农业科技领军人才成长的内在因素是一个具有内在联系的有机整体。生理因素是心理因素系统的物质基础，农业科技领军人才的知识结构构建、能力因素提高、思想品德提升、个性结构完善都需要其生理器官发挥作用。同时，心理因素发展水平是生理因素得以良性发展的重要条件，关系着生理因素的健康水平。两者相互联系、相互制约、相互作用，统一于农业科技领军人才成长的过程中。

心理因素中的智能心理因素和非智能心理因素也是相互联系、相互制约、相互作用。非智能心理因素在农业科技领军人才掌握智能心理因素的过程中形成，已形成的非智能心理因素又影响着智能心理因素的发展，从而影响着农业科技领军人才的成长。智能心理因素决定着农业科技领军人才进行科研实践活动的能力水平，非智能因素决定着农业科技领军人才进行科研实践活动的主观意识，取得科研成果的价值大小则由智能因素和非智能因素共同起作用。在农业科技工作者成长为农业科技领军人才的过程中，非智能心理因素比智能心理因素的作用更为突出。

6.2　成长环境对农业科技领军人才成长影响机理分析

根据第 2 章中内外因辩证关系原理，成长环境作为外因，分别以不同程度、不同维度地影响着农业科技领军人才的成长和发展。

6.2.1 成长环境的内涵、特征及分类

人才成长环境是指人才赖以生存、得以发展的社会和物质条件的综合体，包括影响人才成长的各种外部要素的总和[103]。具体来说，主要包括自然环境和社会环境，

（1）我国农业科技领军人才成长环境的内涵

本研究认为，农业科技领军人才的成长环境是指与农业科技领军人才成长密切相关的多个外部要素的总和，包括物质条件和精神条件、自然条件和社会条件，是人才能否实现人生价值、发挥自身潜力的关键因素。具体而言，农业科技领军人才的成长环境包括宏观环境（政策制度、创新文化氛围、产业环境）与微观环境（工作单位的支撑条件、创新氛围、机制环境）。

对农业科技领军人才而言，一个良性的成长环境必须包括以下特征：所处行业属于热点或新兴领域，发展前景良好；所承担的研究任务与国家发展需求、农业生产或学科发展需要密切相关，且具有创新性、前瞻性和稳定性；科研实践锻炼机会较多；在聘用和评价中，注重创新能力和发展潜力，保障优秀青年科技人才能够早日脱颖而出；职业上升通道通畅，有较大的发展空间，职业预期良好；有较多的参与培训进修和交流的机会；富有活力、鼓励创新创造、百家争鸣的文化环境以及良好的硬件支撑条件等。

（2）我国农业科技领军人才成长环境的特征

①系统性和复杂性

农业科技领军人才的成长环境是一个复杂的系统。许多因素相互作用、相互影响，形成了一个密集的网络结构。在这个系统中，不同的要素存在于不同的时空，任何要素的变化都会对农业科技领军人才的成长产生巨大的

影响。

②动态性和稳定性

在农业科技领军人才成长环境中，各要素随着时间的变化在不同维度上运动。在固定的时间和空间中，各要素的相对位置是相对固定的，因此人才环境系统同时表现出动态性和稳定性的特点。另外，一旦某一因素的变化对人才成长的影响积累到一定程度，就会产生质的飞跃。

③相关性和独立性

对于农业科技领军人才成长环境这一复杂系统而言，其内在因素一般是相关的，体现在自然环境的优劣会影响社会经济文化的发展，进而影响人才的成长。同时，农业科技领军人才成长环境相对独立，说明人才成长环境质量不受社会、经济、文化条件制约，二者之间不存在显著的正相关关系。影响社会经济文化发展的因素不一定影响农业科技领军人才的成长环境，而直接影响农业科技领军人才成长环境的因素并不一定影响人才的社会经济文化环境。

（3）我国农业科技领军人才成长环境的分类

农业科技领军人才的成长环境依据层次、特点可以分为微观环境和宏观环境。

农业科技人才的微观成长环境是指组织层面的环境，是其工作单位内部影响和制约人才成长的支撑条件、创新氛围及机制环境。宏观环境因素主要包括国家重大发展战略需求、农业农村宏观政策、国家投入力度、国家科技体制、市场资源配置、社会创新文化、社会舆论、产业政策、学科与产业发展需要等。

根据第 2 章"人力资本理论"，教育是人才成长的必由之路。本研究将教育环境也纳入农业科技领军人才成长的环境因素体系中，具体构成如表 6-1 所示。

表 6-1 农业科技领军人才成长的环境因素体系

教育环境	家庭因素	1. 家庭教育与家庭文化传统
	教师因素	2. 导师影响
	创新氛围	3. 学校的创新文化与氛围
	支撑条件	4. 学校的教学和科研条件
微观环境（工作单位环境）	支撑条件	5. 工资待遇
		6. 工作单位的科研条件
		7. 工作单位人才资源与数量
	创新氛围	8. 单位科研学术氛围
		9. 单位发展理念与文化
		10. 工作单位的学术地位与影响力
		11. 学术领导人（实验室主任）的素质
		12. 专业深造提升机会
		13. 职务/职称晋升机会
		14. 团队建设与合作机制
		15. 国际交流与合作机会
	环境机制	16. 选拔机制
		17. 使用机制
		18. 评价机制
		19. 激励机制
宏观环境	政策制度	20. 事业单位改革
		21. 国家科研计划项目管理政策
		22. 国家科技人才政策
		23. 国家科技评价与奖励政策
		24. 国家知识产权保护制度
		25. 国家农业科技协同创新机制
		26. 国家农业科技成果转化政策
	创新文化氛围	27. 社会创新创业文化氛围
		28. 农业科技人才的社会地位
		29. 科技人员易于获得科技项目
		30. 青年科技人员易于获得科技项目
	产业环境	31. 产业政策

宏观环境	产业环境	32. 产业与经济社会发展需要
		33. 企业规模与创新能力
		34. 所属学科与产业发展需要

6.2.2　成长环境与人才成长之间的关系

"蓬生麻中，不扶而直；白沙在涅，与之俱黑。"可见，成长环境的优劣对农业科技领军人才成长发展的影响是巨大的，就像土壤之于种子、天空之于飞鸟。有利于创新的土壤必然会激发农业科技领军人才进行创新的潜能、促进其创新能力的提高。良好的人才成长环境有利于提高人才自身的成长价值，促使农业科技领军人才不断自我实现；恶劣的人才成长环境不仅不会对人才的自我提升起到促进作用，还会阻碍人才进行创新活动，无法满足农业科技领军人才的尊重需求和自我实现需求。

农业科技领军人才与其成长环境之间存在着辩证关系。它们相互促进、相互影响。农业科技领军人才是农业科技人才成长的基本环境，而农业科技领军人才的发展又是农业科技人才成长环境的构建和塑造；反过来，成长环境又会促进或制约农业科技领军人才的发展。总的来说，这种辩证关系还体现在自由双向选择和相互促进/制约两个方面。

（1）农业科技领军人才与其成长环境之间的自由双向选择关系

农业科技领军人才在面临成长环境提供的选择时，主要取决于自身的能力素质、专业领域、兴趣和个性。首先，从个人成长、工作平台、科研业绩、金钱财富等角度出发，他们对区域性人才成长环境关注较少，因此可以选择人才环境较好或更适合个人的区域；其次，人才在确定选拔区域后，会根据该区域成长环境的特点采取相应的行为，从而实现自我价值的最大化。农业科技领军人才成长环境的选择主要体现在制度层面，分为显性机制和隐性机制两个方面，二者共同致力于农业科技领军人才的培养，客观上起到了引导、塑造、筛选、定型人才的作用。一方面，在明确的人才选拔任用机制上，在科技奖励政策、荣誉奖励、职称评定、成果鉴定等方面，不同的成长环境往往以刚性的条件制约应用范围、选拔方式、等级分布等要素，客观上具有明显的地域性特征，提出了农业科技领军人才的选拔方法和标准；另一方面，在社会习俗的隐性机制中，不同的成长环境对人才价值观和行为的选择产生不同的影响。社会文化、伦理道德、风俗习惯等外部环境，以及家庭、社区等亲属或地理环境也对人才的成长产生潜移默化的影响。

（2）农业科技领军人才与其成长环境之间的相互推动制约关系

一方面，人才成长环境直接影响农业科技领军人才的培养、聚集和使用。良好的人才成长环境，不仅有利于个人能力素质的形成、个人潜能的发挥和个人价值的体现，而且有利于培养高素质的农业科技领军人才；而且，它能为人才发挥智力提供广阔的空间，在保留现有人才的同时，吸引更多的人才加入，从而产生人才聚集的规模效应。个人的能力和条件以及他们所处的环境直接影响着个人的表现。一个人能创造出什么样的业绩，不仅与他的能力和素质有关，还与他所处的环境密切相关。在封闭落后的成长环境中，人才的作用难以有效发挥，更谈不上高素质人才的培养和发展以及引进和聚集。

另一方面，培养和利用农业科技领军人才是优化人才成长环境的重要途径。人才对成长环境具有较强的主观能动性，主要体现在对成长环境的认识与评价、选择、保护、转化和利用等方面。通过发展社会经济，制定和实施相应的政策法规，发展人文教育，建设精神文明，才能够有效地改善和优化人才的成长环境。人才的目的是利用环境，无论是认识和评价环境，还是改造和保护环境。人才利用环境的目的实现后，出于可持续发展的需要，在一定的时空条件下，对利用后的环境进行重新认识和评价，进而选择新的作用对象。在作用对象被改造或保护之后，它们被再次使用。可见，农业科技领军人才与环境的动态过程是农业科技领军人才在一定的时空条件下，认识和评价环境，选择、改造和保护、利用环境的螺旋过程。

6.2.3　成长环境因素层次分析

对于农业科技领军人才的成长再言，良好的宏观环境是第一位的。社会经济发展水平、科技发展水平及历史文化背景，从宏观整体上决定了人才发展的水平。马克思说"人创造环境，同样环境也创造人"。社会生产的发展促使不同类型、不同层次的人才在历史舞台上展开竞争，形成推动社会进步的强大力量。一个时代的科学技术直接影响着科技人才的培养，特别是现代科学的巨大进步，对人才的数量、人才素质的提高和转化、人才的管理都有着深刻而广泛的影响。当前，我们国家提倡"科技强国""以人为本"的发展方针，这对于农业科技领军人才的培养和成长而言，具有非常重要的推动作用。近些年来，我们国家相关部门也先后启动了若干专门针对科技人才引进与培养的人才计划，其中包括"万人计划"（中组部）、"杰出青年科学基金"（国家自然科学基金委员会）、"创新人才推进计划"（科技部）、"长江学者奖励计划"（教育部）、"农业科研杰出人才培养计划"（农业农村部），在这些强有力的政策措施支持下，我国面向农业科技领军人才引进与培养的多元化、多层次人才培养体系初步形成。农业产业的发展是影响农业科技领军人才发挥其创新能力的重要外部因素。科技创新以一定的社会产业需求为背景，《中共中央关于制定国民经济和社会发展第十四个五年规划和二〇三五年远景目标的建议》提出，优先发展农业农村，全面推进乡村振兴，坚持把解决好"三农"问题作为全党工作重中之重。农业科技领军人才的培养与成长也需要以现代农业产业发展需求为导向。现代农业区别于传统农业的最大特征就在于科技创新，强调以现代科技改造传统农业生产方式。在西方发达国家，农业科技创新之所以取得很大成就，主要得益于生物技术、信息技术、新材料技术等高新技术在农业领域的广泛应用，为农业科技创新孕育了巨大的市场驱动力。在我国，农业高新技术及其产业的迅速发展，带动了整个农业产业的升级换代，这就为我国农业科技领军人才的造就提供了良好的发展机遇。《国家中长期科技发展规划纲要（2006—2020）》明确了农业发展的重点领域及优先主题，包括种质资源发掘、保存和创新与新品种定向培育、畜禽水产健康养殖与疫病防控、农产品精深加工与现代储运、农林生物质综合开发利用、农林生态安全与现代林业、环保型肥料、农药创制和生态农业、多功能农业装备与设施、农业精准作业与信息化、现代奶业等。习近平总书记一再强调，中国人的饭碗要牢牢端在自己手中，我们的饭碗应该主要装中国粮。粮食安全是国之大者。粮食产量问题是农业农村工作的头等大事，要害中的要害。"十四五"时期粮食产量要实现稳中有增，确保稳定在1.3万亿斤*以上，关键在于实施"藏粮于地、藏粮于技"，要害是解决种子和耕地问题，就迫切需要一批水稻、小麦、玉米等产业领域以及耕地质量保育、土肥水等资源高效利用方面的科技领军人才。"猪粮安天下"，要确保猪肉产能稳定在5 500万吨左右，就迫切需要一批生猪产业领域的科技领军人才。这为我国农业科技领军人才培养与成长注入了强劲的需求动力。

微观环境对于农业科技领军人才成长的影响最为直接和具体。农业科技领军人才成长的三大微观组织主体包括高等农业院校、农业科研院所和农业科技企业，无论在哪种组织主体中工作，农业科技领军人才的成长都离不开微观组织环境因素的强力支撑。微观环境包括硬环境和软环境两个方面，硬环境指的是可以为农业科技领军人才提供办公、科研实验和信息数据获取的

---

* 斤为非法定计量单位，2斤＝1千克。——编者注

配套设施和设备，以及科研经费保障支撑等；软环境指各类培训、选拔、使用、评价、激励机制等。与宏观相比，微观环境对于农业科技领军人才成长的影响最为重要。本研究调查结果显示，300名农业科研杰出人才中，有78.5%认为微观环境对个人成长影响"非常重要"或"比较重要"。结果显而易见，农业科技领军人才是在不断的学习和工作中逐渐成长的，工作单位是科研人员实现自我价值、发挥才能的主要场所，因此，工作单位环境对农业科技领军人才成长的影响也就很大。一般来说，科学道德价值观的形成、好奇心和兴趣的培养、准确洞察力的培养以及自我效能感的强化等都直接受微观环境影响。而且，宏观环境因素要真正地发挥作用，也必须通过微观环境得以实现。

综合来看，农业科技领军人才做出重大成就和贡献既需要良好的宏观作为基本保障，又需要有适宜的微观工作单位环境作为重要支撑，各种外部环境因素共同作用使农业科技领军人才产生了"化学变化"。其中，微观环境对于农业科技领军人才的影响最为直接和具体。

6.3　农业科技领军人才成长的影响因素结构及研究假设

6.3.1　外生变量结构和指标

根据内外因辩证关系原理，结合图6-2、表6-1的因素归类情况，本研究初步将农业科技领军人才成长的外生变量分为教育背景、个人素质、工作单位环境、宏观环境，具体结构和观测指标如表6-2所示。

表6-2　农业科技领军人才成长的影响因素（外生变量）指标表

关键因素（一级指标）	二级指标	三级指标
教育背景	主动学习	1. 中小学启蒙和素质教育
		2. 大学阶段的专业基础教育

关键因素（一级指标）	二级指标	三级指标
		3. 研究生阶段的系统科研训练
		4. 海外留学与进修
		5. 参与重大科研项目机会
	教育环境	6. 家庭教育与家庭文化传统
		7. 导师影响
		8. 学校的创新文化与氛围
		9. 学校的教学和科研条件
个人素质	生理素质	10. 性别（男、女）
		11. 身体健康
		12. 精力
		13. 个人智力水平
	智能心理素质	14. 合理的知识结构
		15. 坚实的理论基础
		16. 创造性思维能力
		17. 学习和接受新事物能力
		18. 组织协调与合作能力
	智能心理素质	19. 思想品德
		20. 个人兴趣爱好
		21. 成就欲望
		22. 学术眼光与学术思想
		23. 好奇心、批判和怀疑精神
		24. 自信心与谦逊精神
		25. 抗挫折和压力的心理素质
		26. 淡泊名利的价值观
		27. 科学的态度和求实的精神
工作单位环境	支撑条件	28. 工资待遇
		29. 工作单位的科研条件
		30. 工作单位人才资源与数量
	创新氛围	31. 单位科研学术氛围
		32. 单位发展理念与文化
		33. 工作单位的学术地位和影响力

关键因素（一级指标）	二级指标	三级指标
		34. 学术领导人（实验室主任）的素质
		35. 专业深造提升机会
		36. 职务/职称晋升机会
		37. 团队建设与合作机制
		38. 国际交流与合作机会
	机制环境	39. 选拔机制
		40. 使用机制
		41. 评价机制
		42. 激励机制
宏观环境	政策制度	43. 事业单位改革
		44. 国家科研计划项目管理政策
		45. 国家科技人才政策
		46. 国家科技评价与奖励政策
		47. 国家知识产权保护制度
		48. 国家农业科技协同创新机制
		49. 国家农业科技成果转化政策
	创新文化氛围	50. 社会创新创业文化氛围
		51. 农业科技人才的社会地位
		52. 科技人员易于获得科技项目
		53. 青年科技人员易于获得科技项目
	产业环境	54. 产业政策
		55. 产业与经济社会发展需要
		56. 企业规模与创新能力
		57. 所属学科与产业发展需要

　　教育背景按照内外因角度划分为主动学习和教育环境。其中，主动学习包括以下指标：中小学启蒙和素质教育；大学阶段的专业基础教育；研究生阶段的系统科研训练；海外留学与进修；参与重大科研项目机会。教育环境包括以下指标：家庭教育与家庭文化传统；导师影响；学校的创新文化与氛围；学校的教学和科研条件。

个人素质包括生理素质、智能心理素质、非智能心理素质。其中，生理素质包括 4 个指标：性别（男、女）；身体健康；精力；个人智力水平。智能心理素质包括 5 个指标：合理的知识结构；坚实的理论基础；创造性思维能力；学习和接受新事物能力；组织协调与合作能力。非智能心理素质包括 9 个指标：思想品德；个人兴趣爱好；成就欲望；学术眼光与学术思想；好奇心、批判和怀疑精神；自信心与谦逊精神；抗挫折和压力的心理素质；淡泊名利的价值观；科学的态度和求实的精神。

工作单位环境包括工作单位的支撑条件、创新氛围、机制环境。其中，工作单位的支撑条件包括 3 个指标：工资待遇；工作单位的科研条件；工作单位人才资源与数量。工作单位的创新氛围包括 8 个指标：单位科研学术氛围；单位发展理念与文化；工作单位的学术地位和影响力；学术领导人（实验室主任）的素质；专业深造提升机会；职务/职称晋升机会；团队建设与合作机制；国际交流与合作机会。工作单位的机制环境包括 4 个指标：选拔机制；使用机制；评价机制；激励机制。

宏观环境包括政策制度、创新文化氛围、产业环境。其中，政策制度包括 7 个指标：事业单位改革；国家科研计划项目管理政策；国家科技人才政策；国家科技评价与奖励政策；国家知识产权保护制度；国家农业科技协同创新机制；国家农业科技成果转化政策。创新文化氛围包括 4 个指标：社会创新创业文化氛围；农业科技人才的社会地位；科技人员易于获得科技项目；青年科技人员易于获得科技项目。产业环境包括 4 个指标：产业政策；产业与经济社会发展需要；企业规模与创新能力；所属学科与产业发展需要。

6.3.2　内生变量结构和指标

根据第 4 章"我国农业科技领军人才成长过程研究"，本研究以科研业绩、科技奖励、人才荣誉、学术与科研任职、学术合作与交流为我国农业科技领军人才成长的内生变量。

6.3.3 研究假设

综合上述变量及观测变量，本研究提出以下模型假设：

（1）教育背景与成长的关系假设

假设 1：农业科技领军人才的教育背景对其成长产生正向影响。

（2）个人素质与成长的关系假设

假设 2：农业科技领军人才个人素质对其成长产生正向影响。

（3）工作单位环境与成长的关系假设

假设 3：农业科技领军人才所处的工作单位环境对其成长产生正向影响。

（4）宏观环境与成长的关系假设

假设 4：农业科技领军人才所处的宏观环境对其成长产生正向影响。

7　我国农业科技领军人才成长的影响因素实证研究

在第 6 章理论研究的基础上，本章将从实证角度研究影响农业科技领军人才成长的关键因素及其对成长目标变量的影响程度，并进一步验证第 6 章提出的农业科技领军人才成长的影响因素假设。教育背景、个人素质，工作环境以及制度和创新文化作为重要因素，影响着农业科技领军人才的成长。采用回归分析的方法，对影响农业科技领军人才成长的综合评价进行判断，其中，回归模型以及变量的选择尤为重要。

7.1　理论模型与变量设置

7.1.1　建立回归模型

通过设置农业科技领军人才评价指标体系进行综合评价，综合评价得分越高，说明培养投入和产出的评价较好；反之，则表明人才培养投入产出的结果较差，也是不期待发生的情况。本研究中用 Y 表示目标变量，反映农业科技领军人才评价的综合评价情况，用 X_i（$i = 1$，2，3…）表示对综合评价产生影响的指标因素。建立回归模型为：

$$Y = a + bX_i + \varepsilon \tag{7-1}$$

其中，a 表示无影响综合评价因素时的评价结果；b 为影响综合评价因素的影响因子。

7.1.2 设置目标变量和因变量

设置目标变量。通过设计农业科技领军人才评价指标体系，运用层次分析法（AHP）确定各层各指标的权重，对农业科技领军人才样本（300 名农业科研杰出人才）进行综合评价，得出该样本的综合得分，以此作为目标变量的样本值 Y。

设置因变量。通过因子分析法，将众多个测量指标归属于几个公因子，最后归类到几个总因素，即因变量指标，并将最后各自的得分作为因变量样本值 X。

7.2 分析过程与结果

7.2.1 获取目标变量

（1）构建评价指标体系

在分析本研究第 1 章第 3 节中"科技人才综合评价相关研究"的基础上，搜集、鉴别、整理相关了研究文献，经认真研读文献资料，本研究结合农业领域实际，鉴别出农业科技领军人才的评价指标，然后将这些因素进行分析整理和归类，构建评价指标体系。结合农业领域实际，选取 40 位相关领域资深专家进行了两轮咨询，对所有指标予以讨论审定，有效保证了指标的内容效度，最终确定科学可行的农业科技领军人才综合评价体系指标，主要包括以下内容。

1 项一级指标（目标 A）。

5 项二级指标（B）：科研业绩、科技奖励、人才荣誉、学术与科研任职、学术合作与交流。

15 项三级指标（C）：专著与重要论文；论文被引与成果应用；重要学术会议报告；成果的政府采纳；鉴定成果及知识产权数；成果转化应用推广；团队人才培养；主持重要科研课题；国家级科技奖励；院士荣誉；长江学者、农业科研杰出人才等荣誉；国家重点学科、实验室等学术带头人；学术科研管理职务、重要学术兼职、组织重要学术与科技会议。

构建完成农业科技领军人才综合评价指标体系，如表 7-1 所示。

表 7-1　农业科技领军人才综合评价指标体系

一级指标 （目标）	二级指标	三级指标
A 农业科技领军人才 个体综合评价	B1 科研业绩	C1 专著与重要学术论文发表
		C2 论文被引及成果应用
		C3 重要学术会议报告
		C4 成果的政府采纳
		C5 鉴定成果及知识产权数
		C6 成果的转化推广与应用
		C7 团队人才培养
		C8 主持重要科研课题
	B2 科技奖励	C9 国家科技奖励
	B3 人才荣誉	C10 院士
		C11 长江学者、农业科研杰出人才等
		C12 国家级重点学科、重点实验室等学术带头人
	B4 学术或科研任职	C13 学术科研管理职务
		C14 重要学术兼职
	B5 学术合作与交流	C15 组织重要学术与科技会议

表 7-1 中部分指标解释说明如下。

鉴定成果数：指由部委科技司、省（区、直辖市）科技厅（局）组织或委托，通过一定组织形式和程序对成果的学术意义、技术水平、实用价值等作出科学评价和鉴定的成果数。

知识产权数：指获国家批准的发明专利、实用新型专利、版权、著作权和授权品种数量。

主持重要科研课题，主要是国家级课题、国际合作课题。其中，国家级课题指国家各部委安排的各类科技计划项目，例如国家重点研发计划、"973"计划、"863"计划、国家自然科学基金项目、国家科技支撑计划、国家科技重大专项、科技基础性工作专项、科技基础条件平台建设项目、公益性行业科研专项、"948"引进计划项目等。国际合作课题指与外国政府或国际组织签订的双边或多边科技合作项目。

国家级科技奖励：研究成果获得国家级科学技术奖励（国家自然科学奖、国家技术发明奖、国家科学技术进步奖）且排名在前 3 名。

（2）确定评价指标的权重

所谓权重，是以某种数量形成对比、权衡被评价事物总体中诸因素相对重要程度的量值[114]。指标权重反映了在相同目标的约束下，各指标间的相对重要性的数量表示[115]，指标赋权是构建科学完善的指标测度体系的重要环节，对农业科技领军人才综合评价相关指标进行赋权可以明晰各指标在衡量农业科技领军人才综合评价中的重要程度和作用大小。

①赋权方法的选择

由于打分受专家主观和生理上的影响，直接同时分析判断多个指标的权重不但较为困难，而且不准确，尤其是对多属性评价对象进行综合评价，往往有许多评价指标，倘若只用定性分析方法确定各指标的权重是不科学的。从实际应用的角度，赋权方法主要有主观赋权法、客观赋权法，其中，美国科学家萨蒂（T. L. Saaty）提出的层次分析法（AHP）是确定多属性评价对象系统评价指标权重的理想方法[116-119]，且具有所需样本少、思路清晰明了、方便操作、定性与定量方法相结合等特点和优势。为此，本研究选用层次分析法（AHP）确定指标综合权重的均值，作为农业科技领军人才个体综合评价体系各指标（表7-2中5项二级指标、15项三级指标）的最终权重。

②层次分析法的操作原理和操作步骤

层次分析法（AHP）的基本操作原理是首先将与系统有关的元素分解成目标、准则、指标等若干层次，实现复杂问题层次化；然后邀请有关熟悉这方面情况的专家，从上到下逐层一般采用1~9标度法，通过经验分析，确定因素间两两比较相对重要性的比值，写成矩阵形式，通过计算矩阵的标准化特征向量并进行一致性检验，即可得到比较令人信服的某一层因素相对于上一层次某因素相对重要性的权值，即层次单排序权值；在此基础上，再与上一层次因素本身的权值进行加权综合，即可计算出该层因素相对于上一层整个层次的相对重要性权值，即层次总排序权值。这样，依次由上而下即可逐步计算出最低层因素即具体评价指标相对于最高层的目标相对重要性的权值。

③应用层次分析法赋权

构造判断矩阵。建立农业科技领军人才综合评价体系结构模型（图7-1），通过德尔菲法邀请45位农业科技领域专家填写了农业科技领军人才评价调查

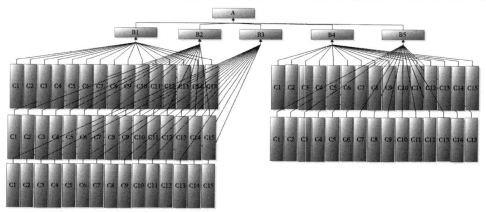

图7-1　农业科技领军人才评价层次结构模型

问卷（附录5），对位于同一级别层次的指标进行两两比较，依据1~9比例标度对每个指标的重要性进行打分（指标重要性标度值见表7-2）。

表 7-2　指标重要性 1~9 比例标度

重要性等级	赋值	重要性等级	赋值
指标 a_i 与指标 a_j 同等重要	1	—	—
指标 a_i 比指标 a_j 稍显重要	3	指标 a_i 比指标 a_j 稍不重要	1/3
指标 a_i 与指标 a_j 重要	5	指标 a_i 比指标 a_j 不重要	1/5
指标 a_i 与指标 a_j 重要得多	7	指标 a_i 比指标 a_j 不重要得多	1/7
指标 a_i 与指标 a_j 绝对重要	9	指标 a_i 比指标 a_j 绝对不重要	1/9

注：（不）重要程度介于 1、3、5、7、9 之间时赋值为 2（1/2）、4（1/4）、6（1/6）、8（1/8）。

对专家意见的评分处理主要有评分算术平均法、评分几何平均法等[120]。几何评分法较之评分算术平均法，可以保证判断矩阵的互反性，其准确性与科学性更理想。因此本研究选择评分几何平均法对专家评分进行几何平均处理，最终得到一级指标 A、二级指标 B1、B2、B3、B4、B5 的判断矩阵计算结果（附录6）。计算判断矩阵并进行一致性检验。采用层次分析法中的和积法计算各判断矩阵权重。具体步骤如下：

将判断矩阵 Y 的每一列元素做归一化处理：

$$y_{ij}' = \frac{y_{ij}}{\sum\limits_{i=1}^{n} y_{ij}} \quad i, j = 1, 2, \ldots, n \qquad (7\text{-}2)$$

将每一列经归一化处理后的判断矩阵按列相加：

$$w_{ij}' = \sum\limits_{i=1}^{n} y_{ij}' \quad i = 1, 2, \ldots, n \qquad (7\text{-}3)$$

对向量 $W' = (w_1', w_2', \ldots, w_n')^T$ 作归一化处理：

$$w_1 = \frac{w_i'}{\sum\limits_{i=1}^{n} w_i'} \quad i = 1, 2, \ldots, n \qquad (7\text{-}4)$$

得到的 $W = (w_1, w_2, \ldots, w_n)^T$ 即为所求判断矩阵中各指标的相对权重（特征向量）。

按照上述计算方法，计算判断矩阵 A、B1、B2、B3、B4、B5 的特征向量，即评价因素的重要性排序，即各指标的相对权重，结果见附录 7。

在得到相对权重后，通过判断矩阵最大特征根 λ_{max} 引入判断矩阵一致性指标 CI 和随机一致性比率 CR，对判断矩阵进行一致性检验。相关指标计算方法如下：

判断矩阵的最大特征根 λ_{max}：

$$\lambda_{max} = \frac{1}{n} \sum_{i-1}^{n} \frac{YW}{w_i} \quad i = 1, 2, \ldots, n \tag{7-5}$$

判断矩阵的一致性指标 CI：

$$CI = \frac{\lambda_{max} - n}{n - 1} \tag{7-6}$$

判断矩阵的随机一致性比率 CR：

$$CR = \frac{CI}{RI} \tag{7-7}$$

（7-6）式中 RI 为判断矩阵的平均随机一致性指标，具体可见表 7-3。

表 7-3　判断矩阵 RI 值查询表

阶数	1	2	3	4	5	6	7	8	9
RI 值	0.00	0.00	0.58	0.90	1.12	1.24	1.32	1.41	1.45

通常情况下，当 CR≤0.1 时，判断矩阵通过一致性检验。按照上述公式计算得知，各判断矩阵 CR 值均小于 0.1，所得的相对权重是可靠的。

按照上述计算方法，得到计算结果如表 7-4 所示。

表 7-4　判断矩阵计算结果与一致性检验

判断矩阵	λ_{max}	CI	RI	CR	一致性
A	5.064 7	0.016 2	1.12	0.014 4	是

判断矩阵	$\lambda_{\max}$	CI	RI	CR	一致性
B1	15. 128 3	0. 009 2	1. 59	0. 005 8	是
B2	15. 117 7	0. 008 4	1. 59	0. 005 3	是
B3	15. 085 5	0. 006 1	1. 59	0. 003 8	是
B4	15. 145 1	0. 010 4	1. 59	0. 006 5	是
B5	15. 214 1	0. 015 3	1. 59	0. 009 6	是

上述结果中，判断矩阵 A 和 B1～B5 的 CR 均小于 0.1，均是满足一致性的。

确定评价指标相对权重。通过上述计算，可得出农业科技领军人才评价指标的相对权重，如表 7-5 所示。

表 7-5 农业科技领军人才评价指标相对权重

总目标	二级指标	二级指标
A 农业科技领军人才个体评价指标体系	B1 科研业绩 0. 442 3	C1 专著与重要论文 0. 059 2
		C2 论文被引及成果应用 0. 062 8
		C3 重要学术会议报告 0. 034 1
		C4 成果的政府采纳 0. 058 4
		C5 鉴定成果及知识产权数 0. 044 3
		C6 成果的转化推广与应用 0. 074 1
		C7 人才培养 0. 064 2
		C8 主持重要科研课题 0. 056 2
		C9 国家级科技奖励荣誉 0. 106 6
		C10 院士荣誉 0. 149 6
		C11 长江学者 0. 109 6
		C12 国家重点学科、实验室等学术带头人 0. 078 2
		C13 学术科研管理职务 0. 034
		C14 重要学术兼职 0. 037 3
		C15 组织重要学术与科技会议 0. 031 5

总目标	二级指标	二级指标
A 农业科技领军人才个体评价指标体系	B2 科技奖励 0.201 5	C1 专著与重要论文 0.064 8
		C2 论文被引与成果应用 0.070 1
		C3 重要学术会议报告 0.035 8
		C4 成果的政府采纳 0.067 8
		C5 鉴定结果及知识产权数 0.067 2
		C6 成果转化应用推广 0.089 7
		C7 人才培养 0.049
		C8 主持重要科研题目 0.069 8
		C9 国家级科技奖励荣誉 0.111 8
		C10 院士荣誉 0.115 6
		C11 长江学者 0.09
		C12 国家重点学科、实验室等学术带头人 0.068 8
		C13 学术科研管理职务 0.036 5
		C14 重要学术兼职 0.036 3
		C15 组织重要学术与科技会议 0.032 9
	B3 人才荣誉 0.140 6	C1 专著与重要论文 0.054 6
		C2 论文被引与成果应用 0.050 6
		C3 重要学术会议报告 0.030 6
		C4 成果的政府采纳 0.056 4
		C5 鉴定结果及知识产权数 0.048 2
		C6 成果转化应用推广 0.064 7
		C7 人才培养 0.047 7
		C8 主持重要科研题目 0.066 9
		C9 国家级科技奖励荣誉 0.124 8
		C10 院士荣誉 0.148 4
		C11 长江学者 0.114 6
		C12 国家重点学科、实验室等学术带头人 0.086 7
		C13 学术科研管理职务 0.035 3
		C14 重要学术兼职 0.039 3
		C15 组织重要学术与科技会议 0.031 4

总目标	二级指标	二级指标
A 农业科技领军人才个体评价指标体系	B4 学术与科研任职 0.111 3	C1 专著与重要论文 0.045 9
		C2 论文被引与成果应用 0.039
		C3 重要学术会议报告 0.030 6
		C4 成果的政府采纳 0.054 1
		C5 鉴定结果及知识产权数 0.041 3
		C6 成果转化应用推广 0.058 6
		C7 人才培养 0.045 9
		C8 主持重要科研题目 0.059 3
		C9 国家级科技奖励荣誉 0.117
		C10 院士荣誉 0.184 1
		C11 长江学者 0.126
		C12 国家重点学科、实验室等学术带头人 0.087 2
		C13 学术科研管理职务 0.038 9
		C14 重要学术兼职 0.038 6
		C15 组织重要学术与科技会议 0.033 9
	B5 学术合作与交流 0.104 4	C1 专著与重要论文 0.555
		C2 论文被引与成果应用 0.049 8
		C3 重要学术会议报告 0.040 1
		C4 成果的政府采纳 0.047 3
		C5 鉴定结果及知识产权数 0.049 1
		C6 成果转化应用推广 0.059
		C7 人才培养 0.051 2
		C8 主持重要科研题目 0.059 3
		C9 国家级科技奖励荣誉 0.103 2
		C10 院士荣誉 0.160 7
		C11 长江学者 0.112 9
		C12 国家重点学科、实验室等学术带头人 0.081 3
		C13 学术科研管理职务 0.047
		C14 重要学术兼职 0.043 5
		C15 组织重要学术与科技会议 0.04

确定评价指标综合权重。由于不同的专家在分析认识上可能存有一定的偏见或差异，往往会出现一些偏激判断（即偏离正常结果或多数人意见的判断），给合理确定权重带来不利影响。AHP-熵值法不仅可以充分利用专家或决策者的知识经验和合理意见，又可以很好地体现评价指标数据的客观性，能够保证指标权重的客观、科学、有效，因此本研究采用 AHP-熵值法构建农业科技领军人才个体综合评价体系各指标的最终权重。

本研究将所得到的各级权重逐层相乘（一级指标单排序权重×二级指标单排序权重），并进行相应的合并，得到层次分析法计算下的农业科技领军人才个体综合评价体系中指标综合权重（表 7-6），结合评价指标相对权重，形成农业科技领军人才个体评价指标体系（表 7-7）。

表 7-6　农业科技领军人才个体综合评价体系中指标综合权重

指标	B1	B2	B3	B4	B5	综合权重
C	0.442 3	0.201 5	0.140 6	0.111 3	0.104 4	
C1	0.059 2	0.064 8	0.054 6	0.045 9	0.055 5	0.057 8
C2	0.062 8	0.070 1	0.050 6	0.039 0	0.049 8	0.058 6
C3	0.034 1	0.035 8	0.030 6	0.030 6	0.040 1	0.034 2
C4	0.058 4	0.067 8	0.056 4	0.054 1	0.047 3	0.058 4
C5	0.044 3	0.067 2	0.048 2	0.041 3	0.049 1	0.049 6
C6	0.074 1	0.089 7	0.064 7	0.058 6	0.059 0	0.072 6
C7	0.064 2	0.049 0	0.047 7	0.045 9	0.051 2	0.055 4
C8	0.056 2	0.069 8	0.066 9	0.059 3	0.059 3	0.061 1
C9	0.106 6	0.111 8	0.124 8	0.117 0	0.103 2	0.111 0
C10	0.149 6	0.115 6	0.148 4	0.184 1	0.160 7	0.147 6
C11	0.109 6	0.090 0	0.114 6	0.126 0	0.112 9	0.108 5
C12	0.078 2	0.068 8	0.086 7	0.087 2	0.081 3	0.078 8
C13	0.034 0	0.030 5	0.035 3	0.038 9	0.047 0	0.035 4

指标	B1	B2	B3	B4	B5	综合权重
C	0.442 3	0.201 5	0.140 6	0.111 3	0.104 4	
C14	0.037 3	0.036 3	0.039 3	0.038 6	0.043 5	0.038 2
C15	0.031 5	0.032 9	0.031 4	0.033 5	0.040 0	0.032 9

表 7-7　农业科技领军人才个体评价指标体系

目标	一级指标（相对权重）	二级指标（综合权重）
A 农业科技领军人才个体综合评价	B1 科研业绩 0.442 3	C1 专著与重要学术论文发表 0.057 8
		C2 论文被引及成果应用 0.058 6
		C3 重要学术会议报告 0.034 2
		C4 成果的政府采纳 0.058 4
		C5 鉴定成果及知识产权数 0.049 6
		C6 成果的转化推广与应用 0.072 6
		C7 团队人才培养 0.055 4
		C8 主持重要科研课题 0.061 1
	B2 科技奖励 0.201 5	C9 国家科技奖励 0.111 0
	B3 人才荣誉 0.140 6	C10 院士 0.147 6
		C11 长江学者、农业科研杰出人才等 0.108 5
		C12 国家重点学科、重点实验室等学术带头人 0.078 8
	B4 学术或科研任职 0.111 3	C13 学术科研管理职务 0.035 4
	B5 学术合作与交流 0.104 4	C14 重要学术兼职 0.038 2
		C15 组织重要学术与科技会议 0.032 9

（3）得出目标变量样本值

整理输入关于样本库（270 名农业科研杰出人才）的各个二级评价指标数据，对各个因素进行 0～1 标准化处理，运用层次分析法得到的权系数进行加权计算得到综合得分，此综合得分作为农业科研杰出人才的综合表现。

经计算，270 人的综合评价得分（表 7-8），其中得分最低的是 0.001 5 分，最高的是 0.413 5 分，平均得分是 0.096 7 分。

表 7-8 农业科研杰出人才评价综合得分

序号	综合得分	序号	综合得分	序号	综合得分
1	0.050 7	33	0.037 7	65	0.098 8
2	0.140 1	34	0.121 8	66	0.413 5
3	0.029 1	35	0.146 2	67	0.037 5
4	0.100 0	36	0.085 2	68	0.011 6
5	0.153 9	37	0.131 9	69	0.102 2
6	0.095 8	38	0.139 1	70	0.141 8
7	0.060 3	39	0.342 8	71	0.034 9
8	0.052 9	40	0.124 8	72	0.221 1
9	0.097 3	41	0.043 5	73	0.095 3
10	0.059 1	42	0.109 4	74	0.072 2
11	0.115 5	43	0.036 0	75	0.037 3
12	0.071 4	44	0.107 6	76	0.135 8
13	0.020 1	45	0.090 8	77	0.058 6
14	0.173 9	46	0.067 0	78	0.139 0
15	0.177 5	47	0.046 3	79	0.072 0
16	0.023 8	48	0.041 5	80	0.007 1
17	0.024 8	49	0.061 4	81	0.023 4
18	0.003 0	50	0.373 4	82	0.025 5
19	0.003 1	51	0.160 5	83	0.030 4
20	0.375 2	52	0.156 5	84	0.154 0
21	0.174 8	53	0.127 4	85	0.146 5
22	0.030 6	54	0.254 6	86	0.102 6
23	0.231 5	55	0.043 1	87	0.118 8
24	0.023 4	56	0.181 6	88	0.101 8
25	0.135 2	57	0.026 2	89	0.117 6
26	0.013 0	58	0.055 9	90	0.082 1
27	0.079 5	59	0.095 2	91	0.107 4
28	0.158 5	60	0.155 9	92	0.195 8
29	0.112 6	61	0.043 8	93	0.177 6
30	0.338 0	62	0.118 5	94	0.168 1
31	0.052 6	63	0.140 4	95	0.174 7
32	0.110 4	64	0.145 8	96	0.145 9

序号	综合得分	序号	综合得分	序号	综合得分
97	0.045 2	129	0.027 0	161	0.325 2
98	0.011 7	130	0.307 9	162	0.057 7
99	0.132 5	131	0.202 4	163	0.118 5
100	0.061 0	132	0.200 8	164	0.125 5
101	0.028 4	133	0.007 8	165	0.068 3
102	0.110 2	134	0.045 9	166	0.107 6
103	0.149 9	135	0.051 9	167	0.007 1
104	0.103 5	136	0.023 3	168	0.136 9
105	0.110 4	137	0.050 6	169	0.025 7
106	0.045 9	138	0.016 1	170	0.235 2
107	0.090 8	139	0.138 3	171	0.225 5
108	0.015 0	140	0.217 8	172	0.017 8
109	0.108 2	141	0.126 7	173	0.015 1
110	0.144 2	142	0.104 2	174	0.029 8
111	0.043 4	143	0.146 2	175	0.091 8
112	0.089 6	144	0.250 9	176	0.064 2
113	0.029 3	145	0.135 3	177	0.161 4
114	0.144 8	146	0.106 3	178	0.164 2
115	0.028 8	147	0.046 6	179	0.047 7
116	0.013 2	148	0.072 3	180	0.091 9
117	0.206 4	149	0.149 0	181	0.120 6
118	0.205 3	150	0.106 1	182	0.019 7
119	0.108 4	151	0.055 3	183	0.022 8
120	0.103 5	152	0.108 6	184	0.101 4
121	0.143 6	153	0.008 4	185	0.143 6
122	0.225 1	154	0.050 0	186	0.106 1
123	0.017 8	155	0.022 0	187	0.127 9
124	0.147 2	156	0.010 4	188	0.253 8
125	0.046 3	157	0.055 1	189	0.020 9
126	0.102 4	158	0.101 1	190	0.024 5
127	0.008 7	159	0.213 5	191	0.013 8
128	0.267 7	160	0.070 8	192	0.102 3

序号	综合得分	序号	综合得分	序号	综合得分
193	0.026 4	219	0.028 4	245	0.047 9
194	0.062 9	220	0.021 3	246	0.040 6
195	0.041 3	221	0.059 6	247	0.019 3
196	0.059 1	222	0.013 0	248	0.010 4
197	0.044 6	223	0.159 0	249	0.015 6
198	0.015 0	224	0.007 6	250	0.125 6
199	0.055 2	225	0.064 1	251	0.139 4
200	0.040 6	226	0.139 9	252	0.016 8
201	0.155 6	227	0.040 9	253	0.041 2
202	0.060 9	228	0.122 8	254	0.155 5
203	0.001 5	229	0.095 3	255	0.142 1
204	0.120 1	230	0.105 1	256	0.021 3
205	0.022 8	231	0.161 0	257	0.139 8
206	0.007 7	232	0.150 5	258	0.124 9
207	0.011 5	233	0.023 2	259	0.011 8
208	0.034 5	234	0.225 1	260	0.213 2
209	0.200 2	235	0.037 5	261	0.099 0
210	0.052 6	236	0.022 8	262	0.014 8
211	0.121 3	237	0.094 2	263	0.016 3
212	0.235 0	238	0.040 7	264	0.125 1
213	0.101 7	239	0.021 2	265	0.047 7
214	0.105 3	240	0.045 9	266	0.039 0
215	0.053 4	241	0.246 8	267	0.013 9
216	0.063 3	242	0.053 7	268	0.123 7
217	0.033 5	243	0.013 2	269	0.144 2
218	0.211 0	244	0.098 3	270	0.045 9

7.2.2　获取因变量

（1）研究设计与分析方法

在众多变量中提取共性因子，因子分析法有着显著优势。基本步骤为：

首先，给众多指标编码；其次，分析指标鉴别度；再次，进行信度检验；最后，利用旋转分析方法得到公共因子变量。

（2）指标编码

调查问卷（附录4）采用了李克特量表法，调查内容涉及影响农业科技领军人才成长的4个方面因素（教育、个人素质、工作环境、宏观环境），共包含48个评价指标。对48个项目指标中每个指标分别设置"不重要""较不重要""中立""重要""非常重要"5个表示重要程度的权重选项，通过打分（1~5分）给出影响农业科技领军人才成长影响因素的重要程度。

在调查问卷中建立了影响农业科技领军人才成长的关键因素量表，对量表中的问题项进行编码，以问卷中农业科技领军人才成长的关键因素量表第一题的指标编码为例，"A01"中字母 A 表示此测量指标为量表中的第一个构面（影响创新型农业科技人才成长的教育因素量表），数字"01"表示量表预试的测量题项的编号（第 1 题）。编码结果如表 7-9 所示。

表 7-9　农业科技领军人才成长的关键因素量表编码

关键因素	观测指标	指标编码
教育因素	1. 家庭教育与家庭文化传统	A01
	2. 中小学启蒙和素质教育	A02
	3. 大学阶段的专业基础教育	A03
	4. 研究生阶段的系统科研训练	A04
	5. 海外留学与进修	A05
	6. 导师影响	A06
	7. 创新文化与氛围	A07
	8. 教学和实验条件	A08
	9. 科研平台与参与重大科研项目机会	A09

关键因素	观测指标	指标编码
个人素质因素	1. 个人兴趣爱好	B01
	2. 个人智力水平	B02
	3. 合理的知识结构	B03
	4. 坚实的理论基础	B04
	5. 创造性思维能力	B05
	6. 成就欲望强烈	B06
	7. 好奇心与批判和怀疑精神	B07
	8. 学习和接受新事物能力	B08
	9. 开阔的学术眼光与活跃的学术思想	B09
	10. 鲜明的独立倾向与自主意识	B10
	11. 自信心与谦逊精神	B11
	12. 组织协调与合作精神	B12
	13. 心理素质（抗挫折和压力的能力）	B13
	14. 淡泊名利的价值观	B14
	15. 科学的态度和求实的精神	B15
工作环境因素	1. 科研人员物质待遇	C01
	2. 科研条件	C02
	3. 工作单位的学术地位和影响力	C03
	4. 单位人才资源与数量（人才集聚效应）	C04
	5. 学术领导人（实验室主任）的素质	C05
	6. 科研计划管理与评价制度	C06
	7. 人才培养、使用与激励机制	C07
	8. 团队建设与合作机制	C08
	9. 国际交流与合作机会	C09
	10. 专业深造提升机会	C10
	11. 职务/职称晋升机会	C11
	12. 单位科研学术氛围	C12
	13. 单位发展理念与文化	C13

关键因素	观测指标	指标编码
宏观环境因素	1. 农业科技人才的社会地位	D01
	2. 社会创新创业文化氛围	D02
	3. 农业科研事业单位分类改革	D03
	4. 科研计划项目和成果管理机制	D04
	5. 农业科技协同创新表彰机制	D05
	6. 科技评价与激励机制	D06
	7. 科技人才政策	D07
	8. 知识产权保护制度	D08
	9. 农业科技转化平台资源	D09
	10. 科研人员易于获得科技项目	D10
	11. 青年科研人员易于获得科技项目	D11

（3）指标鉴别度分析

在做因子分析前，可以进行鉴别度分析，了解各个指标是否都有一定的鉴别度，对于通不过鉴别度检验的指标予以剔除。一般使用变差系数来衡量指标的鉴别度，标准差是 SD，均值是 M，则鉴别度 $S_i = SD/M$，本研究的 48 项指标的鉴别度结果如表 7-10 所示。从结果来看，若以 0.15 为临界值，B05、B09、B15 这三道题的鉴别度较低，应予以剔除再进行下面的信度分析和因子分析。

表 7-10　鉴别度结果

指标	均值	标准差	鉴别度
A01	4.11	0.96	0.232 9
A02	3.79	0.98	0.258 0
A03	4.31	0.78	0.181 0
A04	4.51	0.75	0.165 2
A05	3.91	0.99	0.254 2
A06	4.34	0.77	0.178 1

指标	均值	标准差	鉴别度
A07	4.34	0.70	0.160 6
A08	4.19	0.71	0.169 1
A09	4.41	0.70	0.159 6
B01	4.12	0.89	0.214 8
B02	3.88	0.73	0.188 0
B03	4.23	0.66	0.156 4
B04	4.42	0.67	0.152 2
B05	4.65	0.65	0.139 8
B06	4.06	0.89	0.219 2
B07	4.15	0.76	0.183 9
B08	4.41	0.73	0.164 3
B09	4.60	0.61	0.133 1
B10	4.25	0.86	0.203 2
B11	4.34	0.70	0.160 6
B12	4.45	0.68	0.151 9
B13	4.40	0.68	0.154 8
B14	4.00	0.85	0.212 0
B15	4.68	0.61	0.129 7
C01	3.58	0.76	0.211 1
C02	4.12	0.73	0.176 5
C03	3.97	0.68	0.170 3
C04	3.84	0.73	0.188 6
C05	4.27	0.76	0.177 9
C06	4.03	0.83	0.206 2
C07	4.13	0.79	0.191 9
C08	4.38	0.71	0.162 1
C09	4.04	0.71	0.176 8
C10	4.02	0.74	0.185 1
C11	3.94	0.74	0.188 2
C12	4.27	0.74	0.174 4

指标	均值	标准差	鉴别度
C13	4.04	0.80	0.199 0
D01	3.92	0.81	0.205 9
D02	3.84	0.79	0.205 2
D03	3.53	0.89	0.252 3
D04	3.90	0.83	0.211 6
D05	3.74	0.98	0.262 2
D06	4.11	0.83	0.200 7
D07	4.18	0.79	0.189 1
D08	3.89	0.85	0.219 2
D09	3.79	0.83	0.218 2
D10	4.04	0.84	0.208 6
D11	4.04	0.83	0.205 3

（4）信度检验

检验问卷量表可信度，采用 Cronbachα 系数作为信度检验指标，对本次正式调查的问卷进行信度检验，Cronbachα 系数在 0.6 以上，说明量表的信度较好。本次量表总共有 48 个题项，在上一步剔除鉴别度低的 B05、B09、B15 三道题后，剩余 45 题，对这 45 题构成的量表进行信度检验，Cronbachα 系数是 0.948，远远超过 0.6，这表明此次问卷总体上具有很好的信度。结果见表 7-11。

表 7-11　信度检验结果

Cronbachα	题项数
0.948	45

（5）效度检验

在提取因子前，使用 KMO 样本测度（Kaiser-Mcycr-Olykin）和

Bartlett 球形检验（Bartlett Test of Sphercity）两种方法来验证量表是否适合做因子分析。

KMO 统计量用于探查变量间的偏相关性，取值范围为 0～1。KMO 越接近 1，做因子分析的效果越好。一般认为，KMO 在 0.9 以上，非常适合；0.8～0.9，很适合；0.7～0.8，适合；0.6～0.7，不太适合；0.5～0.6，很勉强；0.5 以下，不适合。

Bartlett 球形检验（Bartlett Test of Sphercity）从整个相关系数矩阵来考虑问题，可以用常规的假设检验判断相关系数矩阵是否显著异于零。

从表 7-12 结果来看，量表的 KMO 值是 0.916，在 0.9 以上，说明量表非常适合做因子分析，且 Bartlett 球形检验的显著性是 0.000，表明量表非常适合做因子分析。

表 7-12　KMO 和 Bartlett 检验结果

取样足够度的 KMO 度量		0.916
Bartlett 球形检验	近似卡方	6 481.523
	df	990
	Sig.	0.000

（6）探索性因子分析

采用主成分法来提取公因子。提取特征根大于 1 的公因子，从表 7-13 来看，前 11 个公因子的特征根大于 1，且前 11 个公因子的累积方差贡献率达到 66.546%，即前 11 个公因子涵盖了原来 45 个指标 66.546%的信息，解释了大部分的原始指标信息，说明提取前 11 个公因子是比较合适的。第 1 个公因子的方差解释量是 11.485%，即第 1 个公因子可以解释原始指标 11.485%的信息；第 11 个公因子的方差解释量是 3.468%，即第 11 个公因子可以解释原始指标 3.468%的信息。

表 7-13　解释的总方差

成分	初始特征值			提取平方和载入			旋转平方和载入		
	合计	方差（%）	累计（%）	合计	方差（%）	累计（%）	合计	方差（%）	累计（%）
1	14.520	32.266	32.266	14.520	32.266	32.266	5.168	11.485	11.485
2	2.641	5.868	38.134	2.641	5.868	38.134	4.250	9.444	20.929
3	2.050	4.556	42.690	2.050	4.556	42.690	3.010	6.688	27.617
4	1.833	4.074	46.764	1.833	4.074	46.764	2.580	5.734	33.351
5	1.768	3.930	50.694	1.768	3.930	50.694	2.574	5.719	39.071
6	1.359	3.020	53.714	1.359	3.020	53.714	2.539	5.643	44.714
7	1.297	2.882	56.596	1.297	2.882	56.596	2.495	5.544	50.258
8	1.267	2.815	59.411	1.267	2.815	59.411	1.969	4.375	54.632
9	1.130	2.511	61.922	1.130	2.511	61.922	1.906	4.236	58.869
10	1.068	2.372	64.294	1.068	2.372	64.294	1.894	4.209	63.078
11	1.013	2.252	66.546	1.013	2.252	66.546	1.561	3.468	66.546
12	0.961	2.136	68.681						
13	0.892	1.982	70.663						
14	0.830	1.844	72.507						
15	0.778	1.729	74.236						
16	0.747	1.659	75.895						
17	0.691	1.535	77.431						
18	0.668	1.483	78.914						
19	0.618	1.373	80.287						
20	0.595	1.321	81.609						
21	0.579	1.286	82.895						
22	0.574	1.275	84.170						
23	0.510	1.133	85.303						
24	0.490	1.089	86.392						
25	0.451	1.003	87.395						
26	0.431	0.958	88.353						
27	0.425	0.943	89.296						

成分	初始特征值			提取平方和载入			旋转平方和载入		
	合计	方差（%）	累计（%）	合计	方差（%）	累计（%）	合计	方差（%）	累计（%）
28	0.404	0.899	90.195						
29	0.394	0.875	91.070						
30	0.354	0.787	91.857						
31	0.341	0.758	92.615						
32	0.328	0.729	93.344						
33	0.311	0.690	94.034						
34	0.300	0.666	94.700						
35	0.281	0.624	95.324						
36	0.278	0.617	95.941						
37	0.251	0.557	96.499						
38	0.241	0.536	97.035						
39	0.234	0.521	97.555						
40	0.220	0.489	98.045						
41	0.209	0.464	98.509						
42	0.192	0.428	98.936						
43	0.186	0.413	99.349						
44	0.156	0.346	99.695						
45	0.137	0.305	100.000						

上面获得了公因子的个数及方差解释率等信息，但是初始因子通常是按照因子的重要程度顺序提取的，通常初始公因子代表的含义不是很明确，比较难以解释。为了建立因素间最简单的结构，便于解释每个公因子所代表的现实意义，采用方差最大法对因子进行正交旋转，得到各因子的载荷值。

因子载荷是公共因子与指标变量之间的相关系数，载荷绝对值越大，说明公共因子与指标变量之间的关系越密切。一般研究认为，因子载荷量绝对值大于 0.3 则可称为具有显著性，大于 0.4 为较显著，大于 0.5 为非

常显著。采用方差最大法对因子进行正交旋转，旋转后的因子载荷如表
7-14 所示。

表 7-14　旋转成分矩阵表

指标	成分										
	1	2	3	4	5	6	7	8	9	10	11
D06	0.779	0.075	0.092	0.193	0.158	0.074	0.094	0.119	0.044	0.078	0.087
D04	0.772	0.156	0.100	0.078	0.157	0.094	0.112	0.119	0.084	−0.048	0.127
C06	0.732	0.222	0.229	0.062	−0.129	0.103	−0.031	0.057	0.207	−0.002	0.086
C07	0.719	0.201	0.283	0.145	−0.030	0.121	0.097	0.005	0.238	0.160	−0.002
D03	0.593	0.010	0.197	0.147	0.189	0.061	0.129	0.003	−0.256	0.152	0.107
D07	0.548	0.202	0.191	0.353	0.113	0.015	0.162	0.199	0.052	0.106	−0.018
D05	0.445	0.139	−0.110	0.196	0.286	0.131	0.352	0.054	−0.097	−0.171	0.166
C08	0.458	0.403	0.232	0.043	0.132	0.121	0.152	0.018	0.373	0.129	−0.197
B14	0.113	0.757	−0.011	0.135	0.079	0.043	0.095	0.071	−0.074	0.008	0.037
B11	0.156	0.714	0.009	0.119	0.081	−0.009	0.084	0.123	0.109	0.024	0.084
B12	0.237	0.689	0.125	−0.080	0.216	0.046	0.135	0.071	0.126	0.163	0.039
B13	0.215	0.643	0.108	0.188	0.055	0.144	0.057	0.077	0.125	0.075	0.103
B10	−0.044	0.620	0.044	0.189	0.011	0.356	0.023	0.173	0.049	−0.001	0.058
C03	0.229	0.062	0.709	−0.042	0.167	0.072	0.220	0.106	0.088	0.004	−0.009
C01	0.148	−0.078	0.667	0.093	−0.021	0.110	−0.012	0.031	0.051	0.075	0.263
C02	0.118	0.067	0.596	0.205	0.156	0.017	0.026	0.211	0.455	0.100	0.118
C04	0.292	0.290	0.571	0.151	0.193	0.025	0.111	0.195	−0.110	0.188	−0.151
C05	0.424	0.279	0.437	0.075	0.125	0.175	0.180	−0.002	0.101	−0.001	−0.129
D02	0.238	0.299	0.278	0.672	0.070	0.079	0.229	−0.007	−0.009	0.042	0.092
D09	0.386	0.241	0.019	0.544	0.352	0.045	0.053	0.203	0.136	0.079	0.001
D01	0.319	0.135	0.409	0.542	0.085	0.154	0.205	−0.082	−0.055	0.115	0.175
D08	0.510	0.152	−0.056	0.539	0.277	0.100	−0.060	0.074	0.179	0.098	−0.033
C12	0.357	0.136	0.1954	0.377	0.331	0.296	0.271	−0.039	0.198	0.124	−0.116
C13	0.275	0.152	0.177	0.474	0.247	0.271	0.200	−0.097	0.236	0.154	−0.133
B01	0.137	0.085	−0.146	0.442	−0.140	0.309	0.012	0.398	0.031	0.028	0.111

指标	成分										
	1	2	3	4	5	6	7	8	9	10	11
D11	0.129	0.150	0.140	0.104	0.830	0.158	0.059	0.114	0.070	0.007	0.081
D10	0.166	0.178	0.154	0.126	0.808	0.147	0.111	0.092	0.087	−0.017	0.126
B07	0.045	0.250	0.042	0.200	0.207	0.713	0.041	0.059	0.062	−0.020	0.123
B06	0.258	−0.047	0.166	0.033	0.109	0.688	0.121	0.172	−0.228	0.082	−0.005
B08	0.159	0.462	0.028	0.060	0.238	0.515	0.139	−0.048	0.188	0.185	0.087
B04	0.103	0.357	0.093	0.125	0.045	0.477	−0.059	0.186	0.228	0.137	0.354
A05	0.049	0.028	0.043	0.082	0.016	0.065	0.751	0.253	−0.030	−0.067	0.203
C10	0.254	0.276	0.210	0.112	0.190	−0.008	0.624	−0.024	0.196	0.225	−0.087
C09	0.129	0.259	0.159	0.119	0.038	0.043	0.623	−0.065	0.371	0.084	−0.001
C11	0.307	−0.018	0.236	0.187	0.326	0.223	0.410	−0.022	0.042	0.157	−0.029
A04	0.118	0.200	0.171	−0.007	0.138	0.122	0.152	0.742	0.137	0.078	−0.019
A03	0.147	0.206	0.169	0.059	0.147	0.050	−0.018	0.623	0.097	0.400	0.108
A06	0.109	0.401	0.146	0.013	0.037	0.259	0.419	0.446	0.076	0.058	0.039
A09	0.178	0.131	0.183	0.085	0.285	−0.036	0.257	0.254	0.592	−0.006	0.120
A07	0.302	0.361	0.005	0.043	−0.082	0.279	0.193	0.152	0.448	0.120	−0.004
A08	0.105	0.197	0.398	0.221	0.177	−0.096	0.184	0.324	0.419	0.015	0.235
A02	0.039	0.070	0.065	0.147	0.040	−0.001	0.006	0.100	0.007	0.803	0.113
A01	0.104	0.095	0.069	0.000	−0.045	0.146	0.085	0.099	0.048	0.771	0.067
B02	0.100	0.120	0.108	0.032	0.140	0.089	0.127	0.063	−0.002	0.139	0.789
B03	0.192	0.278	0.171	0.034	0.066	0.429	0.057	−0.007	0.210	0.189	0.527

在同一个公因子中，若包含不同构面的测量指标，则保留测量指标较多的构面，而删除剩余测量指标较少的构面指标，按照此原则，删除测量指标 C06、C07、C08、C12、C13、B01、A05。依照上述步骤再次进行探索性分析，此后经过 2 次修正指标，删除 C11、A08、A09、A07、D01，得到最终的结果见表 7-15，共剩余 33 个指标。

表 7-15　解释的总方差

成分	初始特征值			提取平方和载入			旋转平方和载入		
	合计	方差(%)	累计(%)	合计	方差(%)	累计(%)	合计	方差(%)	累计(%)
1	10.458	31.692	31.692	10.458	31.692	31.692	4.151	12.579	12.579
2	2.300	6.970	38.663	2.300	6.970	38.663	4.066	12.321	24.900
3	1.884	5.711	44.373	1.884	5.711	44.373	2.447	7.415	32.315
4	1.602	4.854	49.227	1.602	4.854	49.227	2.131	6.458	38.773
5	1.413	4.282	53.510	1.413	4.282	53.510	2.091	6.336	45.109
6	1.217	3.687	57.197	1.217	3.687	57.197	1.925	5.834	50.943
7	1.126	3.411	60.608	1.126	3.411	60.608	1.830	5.546	56.489
8	1.037	3.142	63.750	1.037	3.142	63.750	1.735	5.258	61.747
9	1.008	3.056	66.806	1.008	3.056	66.806	1.669	5.059	66.806
10	0.934	2.832	69.6374						
11	0.780	2.363	72.000						
12	0.755	2.287	74.288						
13	0.706	2.141	76.428						
14	0.656	1.988	78.416						
15	0.599	1.815	80.231						
16	0.581	1.760	81.991						
17	0.547	1.657	83.647						
18	0.503	1.523	85.171						
19	0.476	1.443	86.613						
20	0.459	1.391	88.005						
21	0.423	1.283	89.287						
22	0.420	1.271	90.559						
23	0.394	1.195	91.753						
24	0.368	1.115	92.868						
25	0.349	1.056	93.924						
26	0.328	0.993	94.917						
27	0.306	0.928	95.845						
28	0.301	0.912	96.756						
29	0.261	0.791	97.548						
30	0.232	0.702	98.250						
31	0.224	0.679	98.929						
32	0.209	0.633	99.562						
33	0.145	0.438	100.000						

如表 7-15 所示，前 9 个公因子的特征根大于 1，且前 9 个公因子的累积方差贡献率达到 66.806%，即前 9 个公因子涵盖了原来 33 个指标 66.806% 的信息，解释了大部分的原始指标信息，说明提取前 9 个公因子是比较合适的。第一个公因子的方差解释量是 12.579%，即第 1 个公因子可以解释原始指标 12.579% 的信息；第 9 个公因子的方差解释量是 5.059%，即第 9 个公因子可以解释原始指标 5.059% 的信息。

碎石图能够展现特征值的降序情况，可以直观地看出特征根的变化过程，从图 7-2 来看，第一个公因子的特征根极高，然后依次降低，前 9 个公因子的特征根大于 1，表明农业科技领军人才成长的关键因素具有多维度的表现形态。

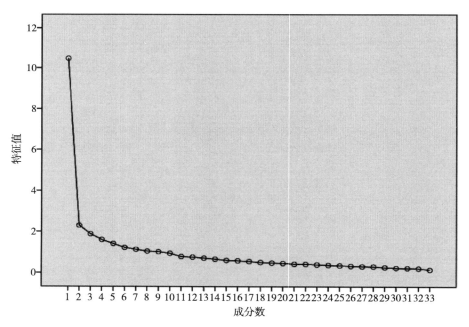

图 7-2　碎石图

表 7-16　旋转成分矩阵

指标	成分								
	1	2	3	4	5	6	7	8	9
B14	0.714	0.125	−0.044	0.095	0.142	0.077	0.005	0.020	0.007
B10	0.688	−0.009	0.068	0.066	0.026	0.084	0.348	0.065	−0.004
B13	0.688	0.228	0.155	0.042	0.111	0.099	0.068	0.074	0.088
B11	0.673	0.180	−0.025	0.026	0.193	0.198	−0.076	−0.010	0.129
B12	0.586	0.173	0.053	0.102	0.334	0.248	−0.017	0.070	0.159
B08	0.538	0.140	0.074	0.187	0.180	0.021	0.415	0.153	0.215
B04	0.493	0.090	0.190	0.083	−0.135	0.239	0.280	0.106	0.433
D06	0.133	0.785	0.160	0.060	0.065	0.155	0.059	0.055	0.105
D04	0.153	0.767	0.131	0.004	0.130	0.175	0.114	−0.086	0.177
D03	−0.102	0.680	0.097	0.014	0.214	0.028	0.191	0.123	0.151
D08	0.319	0.658	0.123	0.352	−0.115	−0.052	0.033	0.184	−0.085
D07	0.288	0.601	0.287	0.159	0.104	0.138	−0.005	0.143	−0.088
D09	0.378	0.566	0.154	0.429	−0.011	0.084	0.009	0.157	−0.083
D05	0.133	0.563	−.137	0.202	0.298	−0.023	0.258	−0.134	0.126
D02	0.396	0.451	0.300	0.163	0.176	−0.043	0.018	0.089	0.060
C01	−0.021	0.142	0.763	−0.026	−0.048	−0.012	0.109	0.085	0.180
C02	0.151	0.123	0.695	0.204	0.148	0.197	−0.036	0.121	0.106
C03	−0.044	0.167	0.619	0.102	0.436	0.189	0.132	−0.035	0.060
C04	0.160	0.316	0.465	0.149	0.324	0.224	0.116	0.182	−0.137
C05	0.238	0.345	0.420	0.118	0.358	0.098	0.111	−0.054	−0.006
D11	0.100	0.181	0.109	0.845	0.151	0.146	0.159	−0.006	0.118
D10	0.144	0.219	0.139	0.819	0.187	0.114	0.130	−0.031	0.161
C10	0.249	0.254	0.155	0.176	0.706	0.060	0.001	0.187	0.008
C09	0.301	0.111	0.176	0.105	0.675	−0.013	−0.007	0.081	0.077
A04	0.222	0.116	0.165	0.119	0.058	0.823	0.081	0.016	0.029
A03	0.190	0.153	0.153	0.146	−0.031	0.717	−0.017	0.344	0.166
A06	0.363	0.113	0.064	0.024	0.388	0.494	0.285	0.037	0.096
B06	−0.013	0.262	0.109	0.052	0.055	0.133	0.770	0.098	0.047
B07	0.393	0.086	0.092	0.259	−0.037	−0.025	0.685	0.048	0.137

指标	成分								
	1	2	3	4	5	6	7	8	9
A02	0.066	0.070	0.077	0.071	0.050	0.078	0.000	0.835	0.095
A01	0.100	0.076	0.082	−0.087	0.130	0.118	0.162	0.771	0.095
B02	0.069	0.115	0.062	0.135	0.100	0.086	0.017	0.107	0.826
B03	0.361	0.127	0.263	0.087	0.025	0.063	0.224	0.136	0.639

根据上述分析结果，保留了 33 个测量指标，这 33 个测量指标分别归属于 9 个公因子，为了与设想的 4 个构面结构保持一致，将代表同一构面的公因子进行合并。

将同属于 A 构面的公因子 6、公因子 8 进行合并，命名为教育背景因素，此构面的方差解释率是 11.092%，包含的题项是：A01～A04、A06。即教育背景因素主要包括：家庭教育与家庭文化传统、中小学启蒙和素质教育、大学阶段的专业基础教育、研究生阶段的系统科研训练、导师影响。

将同属于 B 构面的公因子 1、公因子 7、公因子 9 进行合并，命名为个人素质因素，此构面的方差解释率是 23.184%，包含的题项是：B02～B04、B06～B08、B10～B14。即个人素质因素主要包括：个人智力水平、合理的知识结构、坚实的理论基础、成就欲望强烈、好奇心与批判和怀疑精神、学习和接受新事物能力、鲜明的独立倾向与自主意识、自信心与谦逊精神、组织协调与合作精神、心理素质（抗挫折和压力的能力）、淡泊名利的价值观。

将同属于 C 构面的公因子 3、公因子 5 进行合并，命名为工作环境因素，此构面的方差解释率是 13.751%，包含的题项是：C02～C05、C09～C10。即工作环境因素主要包括：科研条件、工作单位的学术地位和影响力、单位人才资源与数量、学术领导人（实验室主任）的素质、国际交流与合作机会、专业深造提升机会。

将同属于 D 构面的公因子 2、公因子 4 进行合并，命名为宏观环境因素，此构面的方差解释率是 18.779%，包含的题项是：D02～D11。即制度和创新文化因素主要包括：社会创新创业文化氛围、农业科研事业单位分类改革、科研计划项目和成果管理机制、农业科技协同创新表彰机制、科技评价与激励机制、科技人才政策、知识产权保护制度、农业科技转化平台资源、科研人员易于获得科技项目、青年科研人员易于获得科技项目。

7.2.3　回归分析及结果

将采用 AHP 法获得综合评价的得分值作为目标变量样本，将因子分析法获得影响因素的得分值作为自变量样本，对影响因素进行回归分析。其中自变量包含了四个因素，分别为教育背景、个人素质，工作环境以及宏观环境。通过 spss 做回归处理，其中样本值共 270 个，得到输出的结果如下：

表 7-17　回归分析输出结果

	非标准化系数		标准系数	T 检验值	伴随概率
	B	标准误差	试用版		
常量	0.10	0.00	—	1.00	0.00
个人素质因素 X_1	0.84	0.00	0.01	1.20	0.00
宏观环境因素 X_2	0.19	0.00	0.08	0.31	0.01
工作环境因素 X_3	0.87	0.00	−0.01	1.16	0.00
教育因素 X_4	0.12	0.00	0.10	0.56	0.01

从输出的结果中可以看到，在 0.05 的显著水平下，各变量通过了检验，且 $R^2 = 0.756$，接近于 1，说明模型整体拟合效果较好，能够较好地通过回归模式说明因素的变化对结果的影响。回归方程为：

$$Y = 0.1 + 0.84X_1 + 0.19X_2 + 0.87X_3 + 0.12X_4$$

7.3　结果分析

输出的结果验证了本研究提出的农业科技领军人才成长的影响因素假

设，教育背景、个人素质，工作环境以及宏观环境作为重要因素影响着农业科技领军人才的成长。个人素质因素和工作环境因素相较于宏观环境因素和教育背景因素，对农业科研杰出人才成长的综合评价具有更大的影响，这与实际也较符。个人素质的提升将带来科研效益的增加且对综合评价具有较优的表现；工作环境的提升也将给农业科技人员良好的工作环境和机会，使得他们的综合评价也处于较好的程度。

8 建设重点与政策建议

世上一切事物中，人是最可宝贵的，一切创新成果都是人做出来的。着眼于"三农"和大局的关系，农业农村部唐仁健部长将"十四五"农业农村工作在经济社会发展全局的定位，概括为"保供固安全，振兴畅循环"。确保国家粮食安全，是关系到国家政治经济安全的最根本最基础最重要的因素。"十四五"开局，为确保国家粮食安全、突破农业"卡脖子"技术、防控农业重大病虫害、打赢种业翻身仗，农业农村部每年投入 20 亿元经费全力组织农业关键核心技术攻关，每年投入几十亿元经费全力谋划生物育种重大科技项目（国家科技创新 2030 重大项目中最大的科技专项），有序推进生物育种产业化应用，这些工作都是中央作出的重大决策部署，凸显了新时代加快农业科技现代化的重大战略意义，迫切需要我国农业领军人才发挥旗帜作用，带领大团队攻关，组织多学科协作，推进产学研协同。

8.1 建设重点

农业农村涉及产业广、环节多、链条长。加快我国农业科技领军人才队伍建设难以毕其功于一役，需要注重方式方法，小切口带动大突破。建议在"十四五"时期，突出"保供、突卡、防风险"事关国家发展大局和农业农村现代化全局的三个战略方面，围绕需求导向、问题导向、目标导向，遴选一批农业科技领军人才，打造核心战略科技力量。

8.1.1　需求导向方面的领军人才

聚焦支撑重点农产品保供，既要保总量，也要保多样、保质量，建议"十四五"期间优先遴选支持需求导向领军人才。主要包括水稻、小麦、玉米、生猪、奶牛、肉牛、肉羊、大豆、油菜、天然橡胶、棉花、糖料、水产、蔬菜、苹果、梨、桃、葡萄、柑橘、香蕉等产业科技领军人才以及耕地质量保育、农产品加工与质量安全等公共领域科技领军人才。

确保国家粮食安全是治国理政的头等大事，是加快农业农村现代化的首要任务。确保国家粮食安全和重要农副产品高质量保供，既要保总量，也要保多样、保质量。

从保总量看，现在粮食等重要农产品供给总体还是紧平衡，未来一个时期，产需总量缺口还会扩大，结构性矛盾还会凸显，必须不断打牢粮食安全的基础，以国内稳产保供的确定性来应对外部环境的不确定性。习近平总书记一再强调，中国人的饭碗要牢牢端在自己手中，我们的饭碗应该主要装中国粮。粮食安全是国之大者。粮食产量问题是农业农村工作的头等大事，要害中的要害。"十四五"时期粮食产量要实现稳中有增，确保稳定在1.3万亿斤以上，关键在于实施"藏粮于地、藏粮于技"，要害是解决种子和耕地问题，这就迫切需要一批在水稻、小麦、玉米等产业领域以及耕地质量保育、土肥水等资源高效利用方面的科技领军人才。"猪粮安天下"，要确保猪肉产能稳定在5 500万吨左右，这就迫切需要一批在生猪产业领域的科技领军人才。

从保多样看，即满足消费者对丰富多样农产品的需求，主要包含棉油糖、肉蛋奶、果菜鱼等重要农副产品，这就迫切需要一批在奶牛、肉牛、肉羊、大豆、油菜、天然橡胶、棉花、糖料、水产、蔬菜、苹果、梨、桃、葡萄、柑橘、香蕉等产业领域的科技领军人才。

从保质量看，即不断实现人民对美好生活的向往，由全面小康到全面现代化，人民对美好生活的向往总体上已从"有没有"转向"好不好"，农产品供给也要顺应趋势。增加优质绿色和特色农产品供给，需要品种培优、品质提升及标准化生产，这就迫切需要一批在遗传育种、质量安全、科学种养、耕地质量保育、农业设施、农机装备、农产品加工与质量安全、智慧农业、采后保鲜处理等技术领域的科技领军人才。

8.1.2　问题导向方面的领军人才

我国农业科技有力支撑了农业农村现代化，但在一些关键核心领域，还存在"卡脖子"瓶颈制约和技术短板问题，严重影响农业产业安全和农业强国建设。要攻克"难点"，实现"从 0 到 1"的原创性理论突破，在机理机制、方法工具上有重大创新，为解决产业技术难题提供理论基础支撑。近年来国际背景发生了深刻的变化，更让我们深刻认识到，要想在核心技术上不受掣肘，唯有以时不我待的精神，加大科技攻关力度，把"卡脖子"清单变成科研任务清单，这就迫切需要一批在农业基础与前沿研究领域的科技领军人才。建议"十四五"期间，聚焦国计民生"绕不开的"、基础前沿"根上的"、核心技术"在别人手上的"等重大关键领域，按照"揭榜挂帅""军令状"机制，遴选支持领衔核心种源、农业底盘技术（基因编辑等）、智能装备（农业机器人等）领域的领军人才。

8.1.3　目标导向方面的领军人才

农业重大病虫害具有暴发快、流行广、毒力强、风险高、控制难等特点，如果反应不及时、处理不当，不仅会严重影响农业产业稳定发展，甚至有"产业归零"风险，而且会对国家安全、公众健康、生态安全、粮食安全构成严重威胁。建议"十四五"期间，遴选支持草地贪夜蛾、小麦赤霉病、小麦条锈病、水稻两迁害虫、非洲猪瘟、禽流感、口蹄疫、水产养殖病害、外来入侵生物等领域的领军人才。

8.2 政策建议

立足新发展阶段，贯彻新发展理念，构建新发展格局，聚焦"十四五"，面向 2035 年，强化农业科技领军人才建设，遵循社会主义市场经济规律、农业科技创新规律、人才成长和活动规律，切实以保障粮食安全、加快农业农村现代化等国家使命为牵引，以充分发挥政府和市场"双轮驱动"的新型举国体制优势为关键，系统谋划培养、评价、流动、激励等体制机制改革"组合拳"，在机制、政策、方式、抓手、载体等方面持续精准发力，打造国际一流、结构合理、引领创新的农业科技核心攻坚力量，为乡村振兴发展大局提供根本支撑。

8.2.1 完善机制

一是完善统筹推进机制。建议农业农村部会同中组部、中纪委、人社部、科技部、教育部、中科院等有关部门，联合出台加强农业科研领军人才队伍建设的意见，做好顶层设计和系统谋划，推进在农业领域率先落实好重大人才政策和体制机制改革举措，合力建设好农业科研领军人才队伍。

二是完善投入支持机制。加大对农业科研的稳定支持力度，突出支持领军人才在"难点、卡点、断点"等重点领域长期稳定开展科技攻关；鼓励领军人才所在单位探索年薪制、特岗补贴制、团队薪酬协议工资制等灵活多样的薪酬政策。大幅度提高国家科技计划间接经费比例，农业科技领军人才牵头的项目可以提取不低于项目总额 40% 的经费，用于自主安排科研助理聘用、合作专家聘用和团队绩效。

三是完善分类施策机制。对于院士等权威专家，注重发挥其科研方向把关、传帮带作用。注重选拔优秀的青年人才领衔重大任务、进入领导班子、担任重要学术职务、推荐国际学术兼职等。针对基础研究类领军人才，按照基础研究"十年行动"的总体要求，拉长考核周期，免打扰、少干预；针对前沿和关键技术攻关类领军人才，强调目标导向和结果导向，实施"揭榜挂帅""军令状"等责任制。针对种质资源收集、观测监测等支撑保障类科技工作，研究专门的支持政策。

8.2.2 政策保障

一是松绑科技成果转化限制性政策。对于领军人才，不宜参照领导干部的纪检审计等部门要求，明确鼓励兼职取酬、技术入股并获得现金或出资比例奖励等，且不占用单位工资总额。建议国家税务部门对领军人才取得的成果转化收入，实施 15% 的个人所得税税率，对于其担任法人或控股股东的科创型企业实施 15% 的企业所得税税率。

二是扩大科研自主权。实施目标管理，赋予自主调整科研路线和实施方案的权利，建立科技创新活动免责机制和容错机制。建议在中国农业科学院创新工程中探索"一人一议、一议多年"的支持方式，实施经费包干制，无需编制预算、无需过程审计，适当扩大间接经费比例。简化出国"拐弯"审批程序，增加出访国家、地区、城市或延长出访时间的，解除限制性政策。

三是落实人才流动政策。科技领军人才离岗创业期间，在一定时间内保留人事关系和岗位职务，同等享有参加职称评审、按规定调整基本工资标准及晋升薪级工资和参加社会保险等权利。

四是强化生活和科研服务保障。建议进一步完善支持保障政策，给予

"神农英才"及其家属社保异地接续绿色通道，享受院士相当的医疗、住房、出行等方面的待遇。建议教育部门给予"神农英才"研究生招生的指标单列计划。实施更加灵活的国际学术交流外事政策。

五是实施负面清单管理。在经费使用、职称评审、成果转化、国际交流等方面，制定负面清单，一经发现有违反负面清单行为的，纳入科研失信人员名单，同时追缴相关非法所得。情节严重的，移送有关部门依纪依法处理。

8.2.3　创新方式

一是多方协同推进。农业科技领军人才的培养，涉及多个部门。农业农村部遴选并制定具体支持保障措施，农业科技领军人才所在单位要配套人才激励等相应政策，落实研究生招生指标、科研经费、办公实验用房等具体配套支持措施。建议中国农业科学院农业发展基金等与天使投资、风险投资对接，提前进入领军人才的研发阶段。鼓励中信集团、中化集团、阿里巴巴集团等企业以多种方式对接农业科技领军人才及其创新成果，提前进入领军人才的研发阶段，并加大后续产业化合作和支持力度。

二是完善分类评价。健全以原创性创新、创新质量、实际贡献等为导向的人才分类评价体系，推进攻克难点的基础研究领军人才以国际小同行评价方式为主，注重提升国际影响力；突破卡点和连接断点的领军人才，以用户评价为主，突出结果导向。

三是创新用人方式。强调国际视野，聚焦"难点、卡点、断点"，面向全球，以更积极的姿态、更稳妥的方式、更柔性的策略引进和使用优秀华人科学家甚至是外国科学家。强调拓展范围，在立足农业系统的同时，注重在中国科学院系统、综合性大学、创新型企业、军工单位等选拔使用领军人才。

8.2.4　找准抓手

一是建立农业科研领军人才库。梳理"难点、卡点、断点"重点领域、学科方向和产业环节，明确分类选拔标准，遴选一批领军人才，参照科技部创新人才推进计划，将符合年龄要求的上述领军人才直接纳入中组部"万人计划"。农业农村部的重大项目，主要由入库领军人才揭榜挂帅、牵头科研攻关。入库领军人才进入农业农村部专家委员会和行业司局专家委员会，充分发挥战略智囊作用。

二是现有科研专项经费向领军人才倾斜。建议加大中国农业科学院科技创新工程支持力度，新设中国水产科学研究院、中国热带农业科学院科技创新工程。建议农业农村部"部属三院"基本科研业务费加大倾斜力度，省级农业科学院设立的地方财政专项，将不少于30％总经费支持"难点、卡点、断点"领域的优秀青年人才。

三是发挥现有科技奖励作用。中华农业英才奖、神农中华农业科技奖、中国农学会青年科技奖等科技表彰奖励，建议重点向"攻克难点、突破卡点、连接断点"的农业科技领军人才和青年后备人才倾斜。

8.2.5　搭建载体

一是发挥科创中心和实体化联盟的科技成果集成熟化、孵化转化作用。鼓励国家现代农业产业科技创新中心、实体化运行的国家农业科技创新联盟，积极对接"卡点、断点"领域的农业科研领军人才，加快重大成果转化为现实生产力，推动科技与经济深度融合。

二是发挥学科平台的基础前沿创新作用。依托农业领域国家实验室、国家重点实验室、农业农村部重点学科群，大力推进领军人才在"难点"领域取得基础理论突破，在"卡点、断点"领域引领科技前沿。鼓励企业或企业联合科研单位，在海外设立研发中心，拓展国际布局。建立一批国际农业联合实验室，吸引优秀的国际人才来华共同开展科研攻关。

三是发挥新型研发机构"即研即推即用"作用。建议农业科研机构积极与地方政府、企业等合作建立新型研发机构，促进领军人才与地方主导产业、农业龙头企业紧密结合，实现创新链条的有机整合。

9 研究结论与展望

9.1 研究结论

本研究以培养造就我国农业科技领军人才为出发点，运用人力资本理论、唯物辩证法内外因辩证关系原理、层次需求理论等，采用文献分析法、问卷调查法、调研访谈法、德尔菲法、层次分析法、主成分因子分析法、回归分析法等方法，科学界定了我国农业科技领军人才的内涵与特征，分析了我国农业科技领军人才队伍发展现状、存在的问题及原因，构建了农业科技领军人才样本库，总结了我国农业科技领军人才的群体特征，划分农业科技领军人才成长经历，分析素质形成阶段、创造性科研实践阶段所具备的主要特征及关键影响因素，从内在因素、成长环境角度分别对我国农业科技领军人才成长的影响机制进行了理论分析，提出了我国农业科技领军人才成长的影响因素结构，建立了我国农业科技领军人才综合评价系统，查找出影响我国农业科技领军人才成长的关键因素，分析了关键因素对成长目标变量的影响程度，提出了我国农业科技领军人才队伍建设重点和政策建议。

通过综合分析，得出以下主要研究结论。

（1）系统阐述了我国农业科技领军人才的理论内涵

我国农业科技领军人才是指：具有矢志爱国奉献精神、具有高尚品德开阔胸怀、具有战略创新思维、具有对科技前沿和产业发展深刻把握能力、具有领衔决胜重大科技攻关统筹协调能力的农业科技人才。主要具体对象包括：农业领域的"两院"院士、国家杰出青年基金获得者、"万人计划"入选者、长江学者、全国农业科研杰出人才、国家重点研发计划主持人、国家现代农业产业技术体系首席科学家、国家科技奖励主要完成人、国家重点实验室主任等。

（2）分析了当前我国农业科技领军人才队伍建设存在的问题及原因

存在的问题：领军人才总量偏少，国际影响力不足；领军人才结构不够合理，青年人才储备不足；领域分布不平衡，与农业产业发展不匹配；区域分布不均衡，与农业区域协调发展不适宜；农业企业缺乏领军人才，自主研发能力不强。

产生以上问题的主要原因：①激励政策难以落地，主要包括政策不衔接；不同人员、不同部门理解有差异；配套政策不匹配。②评价机制不够完善，主要包括评价指标不科学；评价分类不细；评价方式单一；评价主体单一；考核过于频繁。③资金链与产业创新链融合不够，主要包括稳定支持不足；支持方向在农业行业间分布不均衡；农业科技活动经费总投入比例偏低、基础性研究支持不够；重物轻人现象依然存在。④优秀青年人才成长制约因素多，主要包括"论资排辈"现象突出；重"引进"轻"培养"；成长潜力评估不足。

（3）阐述了我国农业科技领军人才的群体特征

①具有胸怀祖国、服务人民的爱国精神，勇攀高峰、敢为人先的创新精神，追求真理、严谨治学的求实精神，淡泊名利、潜心研究的奉献精神，集智攻关、团结协作的协同精神，甘为人梯、奖掖后学的育人精神。

②具有深厚的学术造诣和敏锐创新思维。

③具有对科技前沿和农业产业发展深刻把握能力。

④具有决胜重大科技攻关的统筹协调能力。

⑤具有国际视野和国际影响能力。

⑥平均年龄比其他行业领军人才大5～10岁。这一方面体现了农业科研的周期性长，一般而言，创造出有较大影响、较大价值的科研成果要比其他行业的创造周期至少长5～10年。

⑦性别分布上，农业科技领军人才中男性专家占大多数。学历分布上，我国科技领军人才群体中博士比例非常高。与我国科技领军人才群体的性别、学历结构存在一致性。

⑧关于地域和单位，我国农业科技领军人才主要集中经济文化和教育发达地区以及农业主产区，其中，在北京的人员所占比例最高。

⑨关于研究领域，我国农业科技领军人才中从事农作物品种资源、生物技术相关研究的专家最多，均占18%左右。

此外，农业科技领军人才都积极参与科技扶贫工作，为打赢脱贫攻坚战做出了积极贡献。

（4）划分了农业科技领军人才成长经历的阶段，分析了成长经历中的主要特征及关键影响因素

划分农业科技领军人才成长经历包括：人才素质形成阶段、创造性科研实践阶段、社会（行业）承认阶段。从样本的成长经历客观实际角度，采用问卷统计描述法分析了我国农业科技领军人才在人才素质形成阶段、创造性科研实践阶段所具备的主要特征及关键影响因素。

①对农业科技领军人才成长可能有影响的因素：地理区位因素、父母的教育方式、青少年时期对科学技术的兴趣、高中学校的教育质量、本科期间的专业课学习成绩、硕博就读学校的实力、较早参与科研工作、导师的学术

荣誉、参与国际项目。

②对农业科技领军人才成长可能无直接联系的因素：父母文化水平、自身第一学历（本科毕业学校）。

③农业科技领军人才成长的关键阶段：工作之后的 10～20 年最有可能产出代表性创新成果，其中工作之后的 15～20 年产出更为集中。

（5）提出了我国农业科技领军人才成长的影响因素结构

从内在因素、成长环境角度分别对我国农业科技领军人才成长的影响机制进行了理论分析。通过内在因素的理论分析，提出了我国农业科技领军人才成长的内在因素系统，并阐述了作用及相互关系。从成长环境的理论分析，界定了我国农业科技领军人才成长环境的内涵、特征及分类，分析了成长环境与我国农业科技领军人才之间的关系，从宏观、微观等对我国农业科技领军人才成长环境进行了分析。

在此基础上，提出了我国农业科技领军人才成长的影响因素结构，其中，影响我国农业科技领军人才成长的外生变量包括教育背景、个人素质、工作单位环境、宏观环境，具体指标有 56 项。据此，提出研究假设：以上 4 项外生变量均对我国农业科技领军人才成长产生正向影响。

（6）构建了我国农业科技领军人才综合评价系统

应用德尔菲法建立了我国农业科技领军人才综合评价系统。一级指标 5 项：科研业绩、科技奖励、人才荣誉、学术与科研任职、学术合作与交流。二级指标 15 项：专著与重要论文；论文被引与成果应用；重要学术会议报告；成果的政府采纳；鉴定成果及知识产权数；成果转化应用推广；人才培养；主持重要科研课题；国家级科技奖励荣誉；院士荣誉；长江学者、农业科研杰出人才等荣誉；国家重点学科、实验室等学术带头人；学术科研管理职务、重要学术兼职、组织重要学术与科技会议。

应用 AHP 层次分析法，对各指标的权重进行赋值，并对样本库中的

270 名全国农业科研杰出人才进行了实证综合评价。

（7）提出了影响我国农业科技领军人才成长的关键因素

将 48 项可能对农业科技领军人才成长的影响因素观测指标，应用主成分因子分析法，得到 32 项有较大影响的因素，归属于 4 个公因子。

教育背景因素主要包括：家庭教育与家庭文化传统、中小学启蒙和素质教育、大学阶段的专业基础教育、研究生阶段的系统科研训练、导师影响。

个人素质因素主要包括：个人智力水平、合理的知识结构、坚实的理论基础、成就欲望强烈、好奇心与批判和怀疑精神、学习和接受新事物能力、鲜明的独立倾向与自主意识、自信心与谦逊精神、组织协调与合作精神、心理素质（抗挫折和压力的能力）、淡泊名利的价值观。

工作环境因素主要包括：科研条件、工作单位的学术地位和影响力、单位人才资源与数量、学术领导人（实验室主任）的素质、国际交流与合作机会、专业深造提升机会。

宏观环境因素主要包括：社会创新创业文化氛围、农业科研事业单位分类改革、科研计划项目和成果管理机制、农业科技协同创新表彰机制、科技评价与激励机制、科技人才政策、知识产权保护制度、农业科技转化平台资源、科研人员易于获得科技项目、青年科研人员易于获得科技项目。

（8）验证了本研究提出的我国农业科技领军人才成长的影响因素假设

应用回归分析法得出，教育背景、个人素质，工作环境以及宏观环境作为重要因素，影响着农业科技领军人才的成长，其中，个人素质因素和工作环境因素相较于宏观环境因素和教育因素对农业科研杰出人才成长的综合评价具有更大的影响。

(9) 提出我国农业科技领军人才队伍建设重点和政策建议

建设重点：突出"保供、突卡、防风险"等事关国家发展大局和农业农村现代化全局的三个战略方面，遴选一批农业科技领军人才（55 岁以下），打造核心战略科技力量。

政策建议：强化顶层设计、加大财政支持、完善评价机制、创新创业激励政策、支持企业领军人才、用好社会资本。其中，完善机制主要包括：统筹推进机制、投入支持机制、分类施策机制。政策保障主要包括：松绑科技成果转化限制性政策、扩大科研自主权、落实人才流动政策、强化生活和科研服务保障、实施负面清单管理。创新方式主要包括：多方协同推进、完善分类评价、创新用人方式。找准抓手主要包括：建立农业科技领军人才库、现有科研专项经费向领军人才倾斜、发挥现有科技奖励作用。搭建载体主要包括：科创中心和实体化联盟、学科平台、新型研发机构。

9.2　研究展望

本研究以我国农业科技领军人才为研究对象，从人才成长的影响因素视角，分析我国农业科技领军人才队伍建设问题，对我国农业科技领军人才的现状、综合评价、影响成长的因素开展了相应的研究，得出了一些初步的结论，并为促进我国农业科技领军人才成长成才提出了政策建议。

但本研究还存在一定的局限性，有待日后改善。比如：

（1）研究样本存在一定局限性。

本研究选择的样本主要是已纳入农业农村部农业科研杰出人才培养计划的 300 人，并未考虑未纳入计划的其他领军科技人才或其他具有同样资质但未成为行业领军人才。本研究未考虑的此类群体成长影响因素也具有较高的研究意义，未来可进一步研究。

（2）研究结果的适用存在一定局限性。

我国农业科技领军人才有着农业行业领域和该群体的特殊性，因此研究结论是否能应用于第二产业、第三产业以及一般性科技人才，还需要进一步研究。未来研究可以进一步拓展农业科技人才的研究范围，完善人才综合评价体系，对不同科研方向、不同层次、不同行业的人才进行比较研究。

参考文献

［1］习近平. 习近平谈治国理政（第二卷）［M］. 北京：外文出版社，2017.

［2］习近平. 习近平给全国涉农高校的书记校长和专家代表的回信［EB/OL］. http：//www. xinhuanet. com/2019-09/06/c _ 1124967725. htm，2019-09-06.

［3］习近平. 在中央经济工作会议上的讲话［EB/OL］. http：//www. gov. cn/xinwen/2020-12/20/content _ 5571388. htm? jump＝false，2020-12-20.

［4］中共中央. 中共中央关于深化人才发展体制机制改革的意见［EB/OL］. http：//www. gov. cn/xinwen/2016-03/21/content _ 5056113. htm，2016-03-21.

［5］习近平. 在中央农村工作会议上的讲话［EB/OL］. http：//china. cnr. cn/news/20201230/t20201230 _ 525378346. shtml，2020-12-30.

［6］中共中央办公厅，国务院办公厅. 关于加快推进乡村人才振兴的意见［EB/OL］. http：//www. xinhuanet. com/politics/zywj/2021-02/23/c _ 1127130383. htm，2021-02-23.

［7］徐飞，李玉红. 中国现代科学家群体状况研究［J］. 科技进步与对策，2001（1）：80.

［8］吴殿廷，等. 高级科学人才和高级科技人才成长因素的对比分析［J］. 中国软科学，2005（8）：70～75.

［9］徐飞，卜晓勇. 中国科学院院士特征状况的计量分析［J］. 自然辩证法研究，2006，22（3）：68～74.

［10］陶爱民. 中国工程院院士群体状况研究［D］. 合肥：中国科学技术大学，2009.

［11］陈晓剑，李峰，刘天卓. 基础研究拔尖人才的关键成长路径研究——基于973计划项目首席科学家的分析［J］. 科学学研究，2011，29（1）：44～29.

[12] 张陆，王研．中国青年科技人才成长现状及分析［J］．重庆交通大学学报，2012，12（1）：107～110.

[13] 田起宏，刘正奎．国家杰出青年科学基金获得者的一般特征和早期成长因素探析［J］．中国高教研究，2012（10）：21～24.

[14] 赵伟，徐琳．基础研究青年拔尖人才的关键成长路径研究——基于信息科学领域国家杰出青年科学基金获得者的分析［J］．科技管理研究，2012（6）：124～126.

[15] 牛珩，周建中．基于CV分析方法对中国高层次科技人才的特征研究——以"百人计划""长江学者"和"杰出青年"为例［J］．北京科技大学学报（社会科学版），2012，28（2）：96～101.

[16] 王春法，等．科技领军人才的选拔培养状况调查报告［M］．北京：中国科协技术出版社，2013，12～52.

[17] 张烨．文献计量视角下高层次人才学术成长特征研究——以管理学部杰青获得者为例［D］．南京：东南大学，2016.

[18] 尹志欣，谢荣艳．我国顶尖科技人才现状及特征研究［J］．科技进步与对策，2017，34（1）：136～140.

[19] 孟洪，李仕宝．我国农业科技人才发展现状及对策建议［J］．江苏农业科学，2020，48（11）：308～312.

[20] 于大伟．农业科研单位青年科技人才队伍建设现状及对策思考［J］．理论观察，2019（12）：89～91.

[21] 王通讯．人才成长的八大规律［J］．决策与信息，2006（5）：53～54.

[22] 赵红洲．科学能力学引论［M］．北京：科学出版社，1984，221～222.

[23] 白春礼．杰出科技人才的成长历程［M］．北京：科学出版社，2007.

[24] 宋焕斌，石瑛．诺贝尔奖百年探析［J］．昆明理工大学学报（社会科学版），2008（4）：6～9.

[25] 刘云．创新型人才培养与成长研究报告［M］．北京：科学出版社，2013.

[26] 吉尔·福特．创造性才能：它们的性质、用途与培养［M］．北京：人民教育出版社，1993.

［27］Amabile T M，Conti R，Coon H. Assessing the work environment for creativity［J］. Academy of Management Journal，1996，39（5）：1154～1184.

［28］Sternberg R J，Lubart I T. Investing in creativity［J］. American Psychologist，1996（7）：667～688.

［29］Kneller R. University-Industry Cooperation in Biomedical R&D in Japan and Kodama F，Florida R. University-Industry Linkages in Japan and United States［M］. Cabridge：MIT Press，1999.

［30］Lloyd E A. Evolutionary psychology：the burdens of proof［J］. Biology and Philosophy，1999，14（2）：211～233.

［31］杨名声. 创新与思维［M］. 北京：教育科技出版社，2002

［32］郑其绪，朱华. 创新的多维度解析［J］. 中国石油大学学报（社会科学版），2006，22（5）：9.

［33］王树祥. 浅谈高等教育如何培养创新人才［J］. 中国教育教学杂志（高等教育版），2006（12）：158～159.

［34］韩文玲，陈卓，韩洁. 创新人才的素质教育［J］. 关于科技领军人才的概念、特征和培养措施研究. 2011（22）：129～132.

［35］符纪竹. 基于 CV 分析法的科技领军人才特质研究［D］. 杭州：杭州电子科技大学，2019.

［36］Zuckerman Harr Iet. Scientific Elite：Nobel Laureates in the United States［M］. New Brunswick：Transaction Publishers，1996.

［37］王荣德. 诺贝尔科学奖中的"人才链"及其启示［J］. 科学学研究，2000，18（2）：70～76.

［38］Cao Cong. China's Scientific Elite［M］. London and New York：RoutledgeCurzon，2004.

［39］安菁. 产业创新人才成长的影响因素与评价体系研究——以烟草产业为例［D］. 北京：北京理工大学，2015.

［40］叶忠海. 人才学概论［M］. 长沙：湖南人民出版社，1983，161～162.

[41] 马建光. 论"两弹一星"科技精英群体师承效应 [J]. 学位与研究生教育，2010（1）：19～24.

[42] 创新型科技人才队伍建设研究课题组. 高层次创新型科技人才的内涵及成长规律 [J]. 科技智囊，2008（10）：52～63.

[43] 刘少雪. 面向创新型国家建设的科技领军人才成长研究 [M]. 北京：中国人民大学出版社，2009，89～178.

[44] 郭新艳. 科技人才成长规律研究 [J]. 科技管理研究，2007（9）：223～225.

[45] 段庆锋，汪雪峰. 项目资助与科学人才成长——基于国家自然科学基金与973计划的回溯性关联分析 [J]. 中国科技论坛，2011（11）：5～10.

[46] 林崇德，胡卫平. 创造性人才成长规律和培养模式 [J]. 北京师范大学学报（社会科学版），2012（1）：36-42.

[47] 田起宏，韩笑，雷涯邻. 创新人才培养理论研究现状及未来研究方向 [J]. 山东师范大学学报（人文社会科学版），2010（6）：82～85.

[48] 王路璐. 企业创新型科技人才成长环境研究 [D]. 哈尔滨：哈尔滨工业大学，2010.

[49] 姜璐，董维春，刘晓光. 拔尖创新学术人才的成长规律研究——基于青年"长江学者"群体状况的计量分析 [J]. 中国大学教学，2018（1）：87～91.

[50] 易经章，胡振华. 科技人才测评指标研究 [J]. 湖南工程学院学报，2003（1）：8～12.

[51] 胥效文. 航空科技人才评价体系与方法研究 [D]. 西安：西北工业大学，2003.

[52] 牛斌. 青年科技人才评价体系构建——以陕西省为例 [D]. 西安：西北大学，2011.

[53] 赵伟，包献华，屈宝强，等. 创新型科技人才分类评价指标体系构建 [J]. 科技进步与对策，2013，30（16）：113～117.

[54] 陈苏超. 高层次创新型科技人才评价及对策研究 [D]. 太原：太原理工大学，2014.

[55] 贾连奇，李巨光，朱雪梅，等. 农业科技创新团队绩效评价体系研究 [J]. 第一资源，2015，27：40～50.

[56] 王仕龙. 农业科研机构青年人才成长因素及创新潜力研究 [D]. 北京：中国农业科学院，2017.

[57] 李思宏，罗瑾琏，张波. 科技人才评价维度与方法进展 [J]. 科学管理研究，2007，25

(2)：76～79.

［58］ Gina Medske，Larry J. Williams，Patricia J. Holahan. A Review of Current Practices for Evaluating Causal Models in Organizational Behavior and Human Resources Management Research ［J］. Journal of Management Volume 20，Issue2，Summer1，1994：429～464.

［59］ Browne E. From data evaluation to research ［J］. Transactions of the American Nuclear Society，2001，85.

［60］ Liang-Chih Huang，Peitsang Wu，Bih-Shiaw Jaw. A study of applying fuzzy analytic hierarchy process on management talent evaluation model ［C］. Proceedings Joint 9th IFSA World Congress and 20th NAFIPS International Conference，2001.

［61］ Wang Jin-gan，Li Yu-ping，Shi Xiao-li. Multilevel evaluation of human resource management using gray system theory ［J］. Industrial Engineering Journal，2005，8：7～9.

［62］ Yan Ai-min，Liu Yuan，Liu Zhicheng. Study on human resource niche concept and evaluation indexes ［J］. 2006 International Conference on Management Science and Engineering，2006.

［63］ Liu Sifeng. On index system and mathematical model for evaluation of scientific and technical strength ［J］. Kybernetes，2006，35：1256～1264.

［64］ 王松梅，成良斌. 我国科技人才评价中存在的问题及对策研究 ［J］. 科技与管理，2005，34（6）：129～131.

［65］ 王媛，马小燕. 基于模糊理论与神经网络的人才评价方法科学管理研究 ［J］. 科学管理研究，2007（2）：43～45.

［66］ 韩瑜，邵红芳，薄晓明，等. 省属高校拔尖创新人才评价指标体系研究 ［J］. 山西医科大学学报（基础医学教育版），2010，12（4）：115～118.

［67］ 张晓娟. 产业导向的科技人才评价指标体系研究 ［J］. 科技进步与对策，2013，30（12）：137～141.

［68］ 彭蕾. 我国科技人才评价方法论研究 ［D］. 北京：北京化工大学，2014.

[69] 王军，王桂林，魏海琴. 著名学者成才启示 [J]. 中国人才，2000 (7)：41～42.

[70] 吴殿廷，李东方，刘超，等. 高级科技人才成长的环境因素分析——以中国两院院士为例 [J]. 自然辩证法研究，2003，19 (9)：54～63.

[71] 易学明. 医学人才成长特点、影响因素分析及对策 [J]. 医学研究生学报，2009，22 (1)：1～2.

[72] 李和风. 探析青年科技人才成长的影响因素 [J]. 中国科学院院刊，2007，22 (5)：386～391.

[73] 白新文，黄真浩. 高层次青年人才成长效能的影响因素——以百人计划为例 [J]. 科研管理，2015，36 (12)：138～145.

[74] 沈春光. 科技创新人才成长规律与影响因素研究 [J]. 科技信息，2012 (4)：28～31.

[75] 李长萍. 影响创新人才成长的主要因素 [J]. 中国高教研究，2002 (10)：32～39.

[76] 王明杰. 创新型人才成长的主客观因素分析 [J]. 中国人才，2010 (23)：68～69.

[77] 缴旭，豆鹏，赵臻，等. 青年农业科技人才成长外部环境制约因素分析——以中国农业科学院为例 [J]. 农业展望，2017，13 (6)：59～64.

[78] 杨振锋，康霞珠，何文上. 制约农业科研人才成长的主要因素及建议 [J]. 中国集体经济，2014 (34)：109.

[79] 刘芳. 科技领军人才成长因素研究——以国家最高科学技术奖获得者为例 [D]. 武汉：武汉科技大学，2011.

[80] 苏津津，李颖. 影响科技领军人才成长的关键因素分析——基于对天津市科技领军人才的实证分析 [J]. 科技管理研究，2013，33 (8)：83～86.

[81] 王仕龙. 农业科研机构青年人才成长因素及创新潜力研究 [D]. 北京：中国农业科学院，2017.

[82] 李欣，范明姐，杨旱立，等. 基于结构方程模型的科技人才发展环境影响因素 [J]. 中国科技论坛，2018 (8)：147～154.

[83] 刘茂才. 人才学辞典 [M]. 成都：四川省社会科学院出版社，1987.

[84] 经济合作与发展组织（OCDE）. 科技人力资源手册 [M]. 北京：新华出版社，2000.

[85] 汪群，汪应洛. 多层次科技人才综合素质测评的专家系统 [J]. 系统工程理论与实践，

1997（5）：87～90.

［86］易经章，胡振华.科技人才测评指标研究［J］.湖南工程学院学报，2003（1）：8～12.

［87］贺德方.基于知识网络的科技人才动态评价模式研究［J］.中国软科学，2005（6）：47～53.

［88］娄伟.我国高层次科技人才激励政策分析［J］.中国科技论坛，2004，11（6）：139～143.

［89］张敏.江苏省科技人才流动态势及对策研究［D］.南京：南京航空航天大学，2007.

［90］科学技术部.中国科技人才发展报告［M］.北京：科学技术文献出版社.

［91］蔡秀萍.揭秘领军人才素质［J］.中国人才，2007（4）：8.

［92］雷晏，徐珲.追踪上海领军人才开发计划［J］.中国人才，2006（12）：28～29.

［93］王春法等.科技领军人才的选拔培养状况调查报告［M］.北京：中国科协技术出版社，2013，3～4.

［94］张冬梅.科技创新人才成长与环境支持［M］.北京：中国社会科学出版社，2015，6.

［95］武忠远.中国农业科技人才分类开发研究［D］.西安：西北农林科技大学，2006.

［96］柳晓冰.农业现代化进程中的科技人才培养机制研究［D］.青岛：中国海洋大学，2011.

［97］中共中央组织部，农业部，人力资源和社会保障部、教育部、科学技术部.《农村实用人才和农业科技人才队伍建设中长期规划（2010—2020年）》［EB/OL］.http：//www.mohrss.gov.cn/SYrlzyhshbzb/zhuanti/syhexieminshengxing/zcfg/bxfzoujinnongcun/201007/t20100702_91129.html，2010-07-02.

［98］欧阳欢，常偲偲，黄得林，等.农业科技领军人才队伍建设的实践［J］.人力资源管理，2012（10）：146～147.

［99］屈冬玉.培养科技领军人才，支撑现代农业发展［J］.中国人才，2014（9）：33.

［100］西奥多·舒尔茨.论人力资本投资［M］.北京：北京经济学院出版社，1990.

［101］西奥多·舒尔茨.对人进行投资——人口质量经济学［M］.北京：首都经济贸易大学出版社，2002.

［102］加里·贝克尔.人力资本特别是关于教育的理论与经验分析［M］.北京：北京大学出

版社，1987.

[103] Denison . Edward F. Education、Economic Growth and Gaps in Information［J］. The Journal of Political Economy Supplement，1962（10）：124～128.

[104] Lucas R. On the Mechanics of Economic Development［J］. Journal of Monetary Economics，1988，22：3～42.

[105] Schroetel A. The Human Capital Challenge in Acquisition、Science、and Engineering ［J］. Public Manager，2001，30（2）：9.

[106] Walker D M. Human Capital：Meeting the Government wide High-Risk Challenge ［M］. Washington DC：US General Accounting Office，2001.

[107] 马克思，恩格斯 . 马克思恩格斯选集（第 3 卷）［M］. 北京：人民出版社，1972，492.

[108] 毛泽东 . 毛泽东选集（第 1 卷）［M］. 北京：人民出版社，1991，301.

[109] 叶忠海 . 新编人才学通论［M］. 北京：党建读物出版社，2013，205～208.

[110] Maslow A H. A theory of human motivation［J］. Psychological Review，1943，50 （1）：370～396.

[111] Herzberg F. Job attitudes review of research and opinion［J］. Industrial & Labor Relations Review，1959，12（2）.

[112] 郑其绪 . 微观人才学概论［M］. 北京：党建读物出版社，2013：51.

[113] 朱达明 . 人才环境初探［J］. 中国人力资源开发，2002，（5）：4～8.

[114] 朱孔来 . 综合评价研究［M］. 济南：山东人民出版社，2004.

[115] 李子奈，潘文卿 . 计量经济学（第二版）［M］. 北京：高等教育出版社，2009：19.

[116] Saatty T L. The Analytic Hierarchy Process［M］. New York：McGraw-Hill Company，1980.

[117] Pedrycz W，Song M. Analytic Hierarchy Process（AHP）in Group Decision Making and Its Optimization With an Allocation of Information Granularity［J］. IEEE Transactions on Fuzzy Systems，2011（3）：527-539.

[118] 张炳江 . 层次分析法及其应用案例［M］. 北京：电子工业出版社，2014.

[119] 杜晖，刘科成，等 . 研究方法论 [M]. 北京：电子工业出版社，2015.

[120] 吴杰，周维 . 财务共享服务中心绩效评价体系设计——基于平衡计分卡与层次分析法 [J]. 财会月刊，2015（13）：10-15.

[121] 周乐萍 . 基于海陆统筹的辽宁省海陆经济协调持续发展研究 [D]. 沈阳：辽宁师范大学，2012.

1. 涉农领域中国科学院院士名单

（生命科学和医学学部）

序号	姓名	研究领域、方向	当选时间
1	曹文宣	鱼类生物学	1997 年
2	曹晓风	植物表观遗传学	2015 年
3	陈化兰	病毒学	2017 年
4	陈文新	根瘤菌分类与应用	2001 年
5	陈晓亚	植物生理和分子生物学	2005 年
6	陈宜瑜	鱼类分类学	1991 年
7	陈子元	同位素标记农药	1991 年
8	邓子新	放线菌遗传学及抗生素生物合成的生物化学和分子生物学	2005 年
9	方精云	全球变化生态学、生物多样性和生态遥感等方面	2005 年
10	方荣祥	植物病毒学和植物生物技术的基础研究和应用基础	2003 年

序号	姓名	研究领域、方向	当选时间
11	高福	病原微生物跨种传播机制与免疫学领域	2013 年
12	桂建芳	鱼类遗传育种生物学	2013 年
13	韩斌	水稻基因组学、群体遗传学及水稻的起源和驯化等	2013 年
14	郝小江	植物化学	2019 年
15	洪德元	种子植物分类	1991 年
16	黄路生	家猪遗传育种	2011 年
17	康乐	昆虫生态基因组学	2011 年
18	匡廷云	光合作用光合膜	1995 年
19	李季伦	生物固氮、真菌毒素以及与农业生产有关的微生物发酵产品的研制	1995 年
20	李家洋	高等植物生长发育与代谢	2001 年
21	李振声	小麦远缘杂交	1991 年
22	林鸿宣	水稻重要复杂性状的分子遗传机理	2009 年
23	刘耀光	植物育性发育的分子遗传和基因工程	2017 年
24	钱前	作物种质遗传资源学	2019 年
25	沈允钢	能量转化功能与膜结构的关系，光合机构的运转及其调控	1980 年
26	石元春	土壤学	1991 年
27	孙大业	细胞生物学	2001 年
28	孙汉董	植物资源和植物化学	2003 年
29	王文采	植物分类学	1993 年
30	吴常信	动物遗传理论与育种实践	1995 年
31	武维华	植物细胞生理及分子生物学	2007 年

序号	姓名	研究领域、方向	当选时间
32	谢道昕	植物生理学	2019 年
33	谢华安	杂交水稻育种	2007 年
34	谢联辉	植物病理学	1991 年
35	许智宏	植物发育生物学、植物细胞培养及其遗传操作、植物生物工程	1997 年
36	尹文英	原尾虫的分类、形态、生态、胚后发育、生物地理、比较精子学和亚显微结构等	1991 年
37	印象初	蝗虫分类	1995 年
38	张启发	杂种优势的遗传机理、水稻功能基因组	1999 年
39	赵进东	藻类生物学	2007 年
40	种康	植物生理学	2017 年
41	周琪	细胞重编程与干细胞	2015 年
42	朱玉贤	棉纤维发育分子机制和拟南芥干细胞调控茎端根端发育	2011 年
43	朱兆良	土壤氮素	1993 年
44	朱作言	鱼类遗传发育生物学及生物技术	1997 年
45	庄巧生	小麦育种与遗传	1991 年

2. 涉农领域中国工程院院士名单

序号	学部	姓名	研究领域、方向	当选时间
1	农业学部	包振民	贝类遗传学与育种学	2017 年
2	农业学部	曹福亮	森林培育学	2015 年

序号	学部	姓名	研究领域、方向	当选时间
3	农业学部	陈焕春	动物传染病学	2003 年
4	农业学部	陈剑平	植物病理学	2011 年
5	农业学部	陈温福	农学	2009 年
6	农业学部	陈学庚	农业机械设计制造	2013 年
7	农业学部	邓秀新	果树学	2007 年
8	农业学部	胡培松	水稻遗传育种与品质改良	2019 年
9	农业学部	蒋剑春	林业工程	2017 年
10	农业学部	金宁一	病毒学	2015 年
11	农业学部	康绍忠	农业水土工程	2011 年
12	农业学部	康振生	植物病理学	2017 年
13	农业学部	李德发	动物营养与饲料科学	2013 年
14	农业学部	李坚	木材科学	2011 年
15	农业学部	李培武	农产品质量安全学	2019 年
16	农业学部	李天来	设施园艺	2015 年
17	农业学部	李玉	菌物学	2009 年
18	农业学部	刘少军	鱼类遗传育种	2019 年
19	农业学部	刘秀梵	动物传染病学	2005 年
20	农业学部	刘旭	植物种质资源学	2009 年
21	农业学部	刘仲华	茶学	2019 年
22	农业学部	罗锡文	农业机械化工程	2009 年
23	农业学部	麦康森	水产动物营养与饲料	2009 年
24	农业学部	南志标	草业科学	2009 年

序号	学部	姓名	研究领域、方向	当选时间
25	农业学部	沈建忠	基础兽医学	2015 年
26	农业学部	宋宝安	农药学	2015 年
27	农业学部	宋湛谦	林业工程与林产化学加工	1999 年
28	农业学部	唐华俊	农业土地资源	2015 年
29	农业学部	唐启升	海洋渔业与生态学	1999 年
30	农业学部	万建民	水稻分子遗传与育种	2015 年
31	农业学部	王汉中	油菜遗传育种学	2017 年
32	农业学部	吴孔明	农业昆虫学	2011 年
33	农业学部	辛世文	农业生物技术	2003 年
34	农业学部	姚斌	微生物与酶工程	2019 年
35	农业学部	尹伟伦	生物学、森林培育学	2005 年
36	农业学部	印遇龙	动物营养学	2013 年
37	农业学部	喻树迅	棉花遗传育种	2011 年
38	农业学部	于振文	作物栽培学	2007 年
39	农业学部	张福锁	植物营养学	2017 年
40	农业学部	张改平	动物免疫学和免疫膜层析快速检测技术	2009 年
41	农业学部	张洪程	作物栽培学与耕作学	2015 年
42	农业学部	张佳宝	土壤学	2019 年
43	农业学部	张守攻	森林培育和森林经理	2017 年
44	农业学部	张新友	植物遗传育种	2015 年
45	农业学部	张涌	家畜胚胎生物工程	2019 年
46	农业学部	赵春江	农业信息化	2017 年

序号	学部	姓名	研究领域、方向	当选时间
47	农业学部	赵振东	作物遗传育种	2013 年
48	农业学部	朱有勇	植物病理学	2011 年
49	农业学部	邹学校	蔬菜育种	2017 年
50	农业学部	陈宗懋	食品安全和茶叶植保	2003 年
51	农业学部	程顺和	作物遗传育种	2005 年
52	农业学部	戴景瑞	玉米遗传育种学	2001 年
53	农业学部	范云六	农业生物工程	1997 年
54	农业学部	方智远	蔬菜遗传育种	1995 年
55	农业学部	傅廷栋	作物遗传育种	1995 年
56	农业学部	盖钧镒	作物遗传育种学	2001 年
57	农业学部	官春云	油菜遗传育种和栽培	2001 年
58	农业学部	管华诗	海洋药物与生物工程制品	1995 年
59	农业学部	李佩成	农业水土工程及水资源与环境	2003 年
60	农业学部	李文华	生态学和森林学	1997 年
61	农业学部	林浩然	鱼类生理学家和鱼类养殖学	1997 年
62	农业学部	刘守仁	羊与羊毛学	1999 年
63	农业学部	刘兴土	湿地生态学	2007 年
64	农业学部	马建章	野生动物学	1995 年
65	农业学部	任继周	草地农业科学	1995 年
66	农业学部	荣廷昭	玉米遗传育种	2003 年
67	农业学部	山仑	作物生理学和作物栽培学	1995 年
68	农业学部	沈国舫	林学及生态学	1995 年
69	农业学部	石元春	土壤学	1991 年
70	农业学部	石玉林	土地资源与区域开发	1995 年
71	农业学部	束怀瑞	果树学	2001 年

序号	学部	姓名	研究领域、方向	当选时间
72	农业学部	孙九林	资源学	2001 年
73	农业学部	汪懋华	农业工程、电子信息技术与自动化	1995 年
74	农业学部	王明庥	林木遗传育种学	1994 年
75	农业学部	吴明珠	园艺学	1999 年
76	农业学部	夏咸柱	动物病毒学	2003 年
77	农业学部	向仲怀	蚕学遗传育种	1995 年
78	农业学部	徐洵	海洋生物工程	1999 年
79	农业学部	颜龙安	作物遗传育种	2007 年
80	农业学部	袁隆平	杂交水稻育种	1995 年
81	农业学部	张子仪	畜牧学	1997 年
82	农业学部	赵法箴	海水养殖	1995 年
83	环境与轻纺工程学部	陈坚	发酵与轻工生物技术	2017 年
84	环境与轻纺工程学部	陈卫	食品微生物科学与工程	2019 年
85	环境与轻纺工程学部	庞国芳	食品科学检测技术学科	2007 年
86	环境与轻纺工程学部	任发政	乳品科学与工程	2019 年
87	环境与轻纺工程学部	孙宝国	香料和食品添加剂	2009 年
88	环境与轻纺工程学部	吴清平	食品安全科学技术	2015 年
89	环境与轻纺工程学部	朱蓓薇	食品工程领域	2013 年

序号	学部	姓名	研究领域、方向	当选时间
90	环境与轻纺工程学部	朱利中	环境工程	2017 年
91	环境与轻纺工程学部	蔡道基	环境毒理学、环境化学	2001 年
92	化工、冶金与材料工程学部	钱旭红	有机化工	2011 年
93	化工、冶金与材料工程学部	郑裕国	生物化工	2017 年
94	化工、冶金与材料工程学部	李正名	有机化学与农药化学	1995 年
95	化工、冶金与材料工程学部	沈寅初	生物化工	1997 年
96	土木、水利与建筑工程学部	茆智	农田水利	2003 年

3. 全国农业科研杰出人才名单

姓名	工作单位	团队名称	入选时间
邢永忠	华中农业大学	作物产量遗传改良创新团队	2011 年
林　敏	中国农业科学院生物技术研究所	农业功能基因组学创新团队	2011 年
戴陆园	云南省农业科学院	云南及周边作物种质资源保护与利用创新团队	2011 年
张学勇	中国农业科学院作物科学研究所	主要农作物基因资源与种质创新团队	2011 年

姓名	工作单位	团队名称	入选时间
胡培松	中国水稻研究所	水稻品质遗传改良创新团队	2011 年
马有志	中国农业科学院作物科学研究所	小麦分子育种创新团队	2011 年
刘建军	山东省农业科学院作物研究所	小麦遗传育种创新团队	2011 年
番兴明	云南省农业科学院粮食作物研究所	云南省玉米遗传育种创新团队	2011 年
陈绍江	中国农业大学	玉米生物学与遗传育种创新团队	2011 年
金黎平	中国农业科学院蔬菜花卉研究所	马铃薯生物学和遗传育种创新团队	2011 年
李　艳	南京农业大学	大豆生物学与遗传育种创新团队	2011 年
韩天富	中国农业科学院作物科学研究所	大豆发育生物学与广适应育种创新团队	2011 年
李保成	新疆农垦科学院	西北内陆棉区棉花新品种选育创新团队	2011 年
李付广	中国农业科学院棉花研究所	棉花转基因研究与应用创新团队	2011 年
王汉中	中国农业科学院油料作物研究所	油菜遗传改良创新团队	2011 年
刘继红	华中农业大学	柑橘抗逆种质资源发掘与利用创新团队	2011 年
郭安平	中国热带农业科学院热带生物技术研究所	热带作物遗传改良与利用创新团队	2011 年
黄华孙	中国热带农业科学院橡胶研究所	橡胶树遗传育种创新团队	2011 年

姓名	工作单位	团队名称	入选时间
杨　宁	中国农业大学	动物遗传育种创新团队	2011 年
黄路生	江西农业大学	种猪生物技术创新团队	2011 年
杨德国	中国水产科学研究院长江水产研究所	鱼类生物学与保护工程创新团队	2011 年
杨　弘	中国水产科学研究院淡水渔业研究中心	罗非鱼产业技术研究创新团队	2011 年
陈剑平	浙江省农业科学院现：宁波大学	植物病毒与病害防控生物技术创新团队	2011 年
吴孔明	中国农业科学院植物保护研究所	棉花重大害虫监测预警与控制技术创新团队	2011 年
涂长春	军事医学科学院军事兽医研究所	特种动物生物制剂创制创新团队	2011 年
王笑梅	中国农业科学院哈尔滨兽医研究所	新型禽用疫苗与诊断试剂创制创新团队	2011 年
杨汉春	中国农业大学	动物分子病毒学与免疫学创新团队	2011 年
朱兴全	中国农业科学院兰州兽医研究所	动物源性人兽共患寄生虫病研究创新团队	2011 年
金显仕	中国水产科学研究院黄海水产研究所	海洋渔业资源与生态创新团队	2011 年
江世贵	中国水产科学研究院南海水产研究所	水产种质资源与遗传育种创新团队	2011 年
孙　明	华中农业大学	微生物农药资源开发和新产品创制创新团队	2011 年
徐应明	农业部环境保护科研监测所	农区污染环境修复研究创新团队	2011 年
梅旭荣	中国农业科学院农业环境与可持续发展研究所	气候变化与农业防灾减损创新团队	2011 年

姓名	工作单位	团队名称	入选时间
徐国华	南京农业大学	养分资源高效利用生物学创新团队	2011 年
周 卫	中国农业科学院农业资源与农业区划研究所	肥料养分高效利用创新团队	2011 年
吴普特	西北农林科技大学	节水农业技术与装备创新团队	2011 年
严昌荣	中国农业科学院农业环境与可持续发展研究所	旱地作物水分生产力提升创新团队	2011 年
邓 宇	农业部沼气科学研究所	农村可再生能源开发利用创新团队	2011 年
呙于明	中国农业大学	鸡营养与饲料科技创新团队	2011 年
李少昆	中国农业科学院作物科学研究所	作物生理生态创新团队	2011 年
李培武	中国农业科学院油料作物研究所	生物毒素研究创新团队	2011 年
杨曙明	中国农业科学院农业质量标准与检测技术研究所	农产品质量安全研究创新团队	2011 年
李来好	中国水产科学研究院南海水产研究所	水产品加工与质量安全研究创新团队	2011 年
王 强	中国农业科学院农产品加工研究所	农产品加工技术与工程创新团队	2011 年
韩鲁佳	中国农业大学	农业生物质工程创新团队	2011 年
赵春江	北京市农林科学院	精准农业创新团队	2011 年
周清波	中国农业科学院农业资源与农业区划研究所	农业遥感创新团队	2011 年
许世卫	中国农业科学院农业信息研究所	农业信息智能预警与服务技术创新团队	2011 年

姓名	工作单位	团队名称	入选时间
李保明	中国农业大学	设施农业工程工艺与环境控制创新团队	2011 年
朱松明	浙江大学	设施农业装备与智能调控创新团队	2011 年
丁艳锋	南京农业大学	作物高产优质生理生态创新团队	2012 年
于 毅	山东省农业科学院植物保护研究所	园艺害虫综合防控创新团队	2012 年
马 平	河北省农林科学院植物保护研究所	微生物杀菌剂新产品创制与产业化创新团队	2012 年
孔 杰	中国水产科学研究院黄海水产研究所	水产遗传育种创新团队	2012 年
王娟玲	山西省农业科学院旱地农业研究中心	旱作节水农业技术研究创新团队	2012 年
王朝辉	西北农林科技大学	旱地土壤培肥与高效施肥创新团队	2012 年
王鲁民	中国水产科学研究院东海水产研究所	渔用新材料创新团队	2012 年
尼玛卓玛	西藏自治区农牧科学院农业研究所	油菜遗传育种创新团队	2012 年
田可川	新疆畜牧科学院畜牧研究所	绒毛用羊研究创新团队	2012 年
田克恭	中国动物疫病预防控制中心	兽医诊断创新团队	2012 年
申书兴	河北农业大学	蔬菜分子染色体工程与新品种选育创新团队	2012 年
刘 勇	湖南省农业科学院植物保护研究所	园艺作物病虫害防控技术创新团队	2012 年

姓名	工作单位	团队名称	入选时间
刘　娣	黑龙江省农业科学院畜牧研究所	猪研究创新团队	2012 年
刘仲华	湖南农业大学	茶叶深加工与功能成分利用创新团队	2012 年
刘庆忠	山东省农业科学院果树研究所	果树种质资源与生物技术育种创新团队	2012 年
刘作华	重庆市畜牧科学院	地方猪饲料营养创新团队	2012 年
刘国道	中国热带农业科学院	热带牧草种质创新与利用创新团队	2012 年
孙　谧	中国水产科学研究院黄海水产研究所	海洋产物资源与酶工程创新团队	2012 年
孙传清	中国农业大学	水稻遗传资源研究、创新与利用创新团队	2012 年
朱祝军	浙江农林大学	蔬菜栽培生理与品质调控创新团队	2012 年
许　勇	北京市农林科学院蔬菜中心	蔬菜种质创新与新品种选育创新团队	2012 年
邢朝柱	中国农业科学院棉花研究所	棉花亲本创制及杂种优势利用研究创新团队	2012 年
何正国	华中农业大学	结核杆菌基因调控网络与药物靶标研究创新团队	2012 年
应义斌	浙江大学	智能化农业装备创新团队	2012 年
张友军	中国农业科学院蔬菜花卉研究所	蔬菜害虫预防与控制创新团队	2012 年
张天真	南京农业大学 现：浙江大学	棉花的基因组学与分子育种创新团队	2012 年

姓名	工作单位	团队名称	入选时间
张名位	广东省农业科学院蚕业与农产品加工研究所	功能食品研究创新团队	2012 年
张西臣	吉林大学	球虫类原虫病防控创新团队	2012 年
张新友	河南省农业科学院	花生育种创新团队	2012 年
李　奎	中国农业科学院北京畜牧兽医研究所	猪基因资源与种质创新创新团队	2012 年
李大伟	中国农业大学	微生物-植物的相互作用创新团队	2012 年
李开绵	中国热带农业科学院热带作物品种资源研究所	木薯种质资源保护与利用创新团队	2012 年
李仕贵	四川农业大学	长江上游水稻种质改良与创新利用创新团队	2012 年
李召虎	中国农业大学	作物化控栽培与生理创新团队	2012 年
李泽君	中国农业科学院上海兽医研究所	水禽新发病毒病快速诊断与预防技术研究创新团队	2012 年
李保国	中国农业大学	土壤物理过程与耕地保育创新团队	2012 年
李洪文	中国农业大学	保护性耕作技术与装备研发创新团队	2012 年
杜胜利	天津市农业科学院黄瓜研究所	黄瓜遗传育种创新团队	2012 年
杨光圣	华中农业大学	油菜种质资源创新与新品种选育创新团队	2012 年
杨其长	中国农业科学院农业环境与可持续发展研究所	设施农业环境工程创新团队	2012 年
杨武云	四川省农业科学院作物研究所	西南区小麦生物学与遗传育种创新团队	2012 年

姓名	工作单位	团队名称	入选时间
沈建忠	中国农业大学	动物源食品安全检测与控制技术创新团队	2012 年
邱丽娟	中国农业科学院作物科学研究所	大豆基因资源研究与利用创新团队	2012 年
邹学校	湖南省农业科学院	辣椒育种及资源创新团队	2012 年
陈万权	中国农业科学院植物保护研究所	麦类真菌病害综合防控创新团队	2012 年
陈代文	四川农业大学	动物抗病营养创新团队	2012 年
陈昆松	浙江大学	果实品质生物学创新团队	2012 年
陈新军	上海海洋大学	大洋性鱿鱼资源可持续开发创新团队	2012 年
单　杨	湖南省农业科学院	农产品加工与质量安全创新团队	2012 年
周长吉	农业部规划设计研究院设施农业研究所	农业设施结构工程创新团队	2012 年
周永灿	海南大学	热带水产健康养殖与病害控制创新团队	2012 年
周常勇	西南大学	柑桔重要病害防控基础研究创新团队	2012 年
周雪平	浙江大学	作物病害成灾与控制创新团队	2012 年
房卫平	河南省农业科学院经济作物研究所	棉花遗传改良科技创新团队	2012 年
易干军	广东省农业科学院果树研究所	香蕉遗传改良创新团队	2012 年
武志杰	中国科学院沈阳应用生态研究所	环保型高效肥料研制与应用创新团队	2012 年

姓名	工作单位	团队名称	入选时间
郑少泉	福建省农业科学院果树研究所	龙眼枇杷种质创新与可持续利用创新团队	2012 年
郑永权	中国农业科学院植物保护研究所	农药应用风险评估与控制研究创新团队	2012 年
侯有明	福建农林大学	闽台作物害虫灾变机理与控制研究创新团队	2012 年
姚 斌	中国农业科学院饲料研究所	饲料生物技术创新团队	2012 年
姜 平	南京农业大学	动物传染病诊断与免疫创新团队	2012 年
昝林森	西北农林科技	肉牛遗传改良与生物技术育种创新团队	2012 年
贺浩华	江西农业大学	双季稻种质创新与育种创新团队	2012 年
赵久然	北京市农林科学院玉米研究中心	玉米种质创新及新品种选育创新团队	2012 年
赵正洪	湖南省农业科学院水稻研究所	籼型优质稻创新团队	2012 年
赵立欣	农业部规划设计研究院能源环保研究所	农业废弃物能源化利用创新团队	2012 年
赵启祖	中国兽医药品监察所	兽用生物制品质量监测技术研发创新团队	2012 年
赵国臣	吉林省农业科学院水稻研究所	北方粳稻育种与栽培创新团队	2012 年
赵昌平	北京市农林科学院北京杂交小麦工程技术研究中心	北京杂交小麦创新团队	2012 年
赵秉强	中国农业科学院农业资源与农业区划研究所	新型肥料创新团队	2012 年

姓名	工作单位	团队名称	入选时间
赵茹茜	南京农业大学	动物生理生化与健康福利养殖创新团队	2012 年
夏先春	中国农业科学院作物科学研究所	小麦品质、抗病分子育种创新团队	2012 年
夏庆友	西南大学	家蚕基因组生物学创新团队	2012 年
徐 皓	中国水产科学研究院渔业机械仪器研究所	渔业装备科技创新与推广创新团队	2012 年
徐 跑	中国水产科学研究院淡水渔业研究中心	刀鲚种质资源与繁养技术研究创新团队	2012 年
徐阳春	南京农业大学	农业废弃物资源化利用创新团队	2012 年
徐建明	浙江大学	产地环境质量与农产品安全创新团队	2012 年
钱 前	中国水稻研究所	水稻种质创新创新团队	2012 年
顾兴芳	中国农业科学院蔬菜花卉研究所	黄瓜优异基因挖掘与种质创新	2012 年
康相涛	河南农业大学	鸡种质资源优异形状发掘利用创新团队	2012 年
黄 健	中国水产科学研究院黄海水产研究所	海水养殖重大疫病预警与微生物学防控技术创新团队	2012 年
黄凤洪	中国农业科学院油料作物研究所	油料加工与营养创新团队	2012 年
彭少兵	华中农业大学	作物高产高效创新团队	2012 年
曾希柏	中国农业科学院农业环境与可持续发展研究所	退化及污染农田修复创新团队	2012 年
游艾青	湖北省农业科学院粮食作物研究所	水稻分子与细胞工程育种创新团队	2012 年

姓名	工作单位	团队名称	入选时间
焦新安	扬州大学	人兽共患病防制新技术及免疫机理研究创新团队	2012 年
童光志	中国农业科学院上海兽医研究所	猪病毒病预防与控制技术研究创新团队	2012 年
董英山	吉林省农业科学院	野生大豆种质资源研究与利用创新团队	2012 年
蒋宗勇	广东省农业科学院	动物营养与饲料研究创新团队	2012 年
韩明玉	西北农林科技大学	黄土高原优质苹果生产与矮砧集约栽培技术创新团队	2012 年
韩振海	中国农业大学	果树发育生物学及种质改良创新团队	2012 年
解绶启	中国科学院水生生物研究所	淡水鱼类营养与饲料创新团队	2012 年
路战远	内蒙古自治区农牧业科学院	农牧交错区旱作保护性耕作创新团队	2012 年
路铁刚	中国农业科学院生物技术研究所	作物功能基因组学创新团队	2012 年
雷振生	河南省农业科学院小麦研究中心	丰产优质小麦育种创新团队	2012 年
廖　明	华南农业大学	重大动物疫病防控创新团队	2012 年
熊立仲	华中农业大学	作物抗逆生物学创新团队	2012 年
谯仕彦	中国农业大学	猪健康养殖的营养调控创新团队	2012 年
戴小枫	中国农业科学院农产品加工研究所	毒素真菌病害研究创新团队	2012 年

姓名	工作单位	团队名称	入选时间
戴其根	扬州大学	粮食作物超高产栽培研究与应用创新团队	2012 年
丁家波	中国兽医药品监察所	人畜共患病研究创新团队	2015 年
万连步	金正大生态工程集团股份有限公司	缓控释肥技术创新团队	2015 年
马忠华	浙江大学	作物病害成灾机理及绿色防控创新团队	2015 年
马爱军	中国水产科学研究院黄海水产研究所	海水鱼类增养殖研究创新团队	2015 年
马艳青	湖南省农业科学院	瓜果类蔬菜种质创新与利用创新团队	2015 年
马朝芝	华中农业大学	油菜杂种优势与分子育种创新团队	2015 年
毛 龙	中国农业科学院作物科学研究所	作物生物信息学及应用创新团队	2015 年
王 琦	中国农业大学	葡萄病虫害绿色防控创新团队	2015 年
王力荣	中国农业科学院郑州果树研究所	桃种质资源与遗传育种创新团队	2015 年
王加启	中国农业科学院北京畜牧兽医研究所	奶产品质量与风险评估创新团队	2015 年
王传彬	中国动物疫病预防控制中心	动物疫病诊断检测技术创新团队	2015 年
王延波	辽宁省农业科学院	玉米生物育种及配套技术创新团队	2015 年
王志亮	中国动物卫生与流行病学中心	重大外来动物疫病研究创新团队	2015 年

姓名	工作单位	团队名称	入选时间
王秀娥	南京农业大学	小麦-远缘种质创新与新基因发掘创新团队	2015 年
王学路	华中农业大学	激素调控作物生长发育及环境适应性研究创新团队	2015 年
王晓武	中国农业科学院蔬菜花卉研究所	蔬菜分子设计育种创新团队	2015 年
王海洋	中国农业科学院生物技术研究所	玉米功能基因组创新团队	2015 年
王继华	云南省农业科学院	花卉遗传育种创新团队	2015 年
王铁良	沈阳农业大学	日光温室结构优化与环境控制创新团队	2015 年
王源超	南京农业大学	大豆根部病害的发生规律与防控技术研究创新团队	2015 年
邓良伟	农业部沼气科学研究所	畜禽粪污沼气化处理利用创新团队	2015 年
邓国富	广西壮族自治区农业科学院	杂交水稻种质创新与优质化育种创新团队	2015 年
韦革宏	西北农林科技大学	土壤微生物多样性与生物修复创新团队	2015 年
冯　力	中国农业科学院哈尔滨兽医研究所	猪消化道传染病创新团队	2015 年
叶乃好	中国水产科学研究院黄海水产研究所	海洋藻类生物资源与功能研究创新团队	2015 年
叶恭银	浙江大学	作物害虫寄生蜂控害机理及其应用研究创新团队	2015 年
尼玛扎西	西藏自治区农牧科学院	青稞全产业链技术创新团队	2015 年
田维敏	中国热带农业科学院橡胶研究所	橡胶树生理与分子生物学创新团队	2015 年

姓名	工作单位	团队名称	入选时间
艾晓辉	中国水产科学研究院长江水产研究所	水产动物药理与药残控制技术创新团队	2015 年
刘爵	北京市农林科学院	家禽新发传染病防治技术创新团队	2015 年
刘鹰	中国科学院	海水设施养殖与装备工程创新团队	2015 年
刘光荣	江西省农业科学院	红壤改良与资源高效利用创新团队	2015 年
刘西莉	中国农业大学	风险性种传病害与抗药性病害的预警与防控创新团队	2015 年
刘宏斌	中国农业科学院农业资源与农业区划研究所	农业面源污染监测评估与防控创新团队	2015 年
刘孟军	河北农业大学	枣产业科技创新团队	2015 年
刘学军	天津市农业科学院	杂交粳稻品种创新及应用创新团队	2015 年
刘录祥	中国农业科学院作物科学研究所	小麦育种技术与方法研究创新团队	2015 年
刘金华	中国农业大学	动物源性人畜共患传染病预防与控制创新团队	2015 年
刘景辉	内蒙古农业大学	燕麦种质资源创新与利用创新团队	2015 年
刘雅红	华南农业大学	兽用抗菌药安全评价创新团队	2015 年
匡汉晖	华中农业大学	蔬菜变异器官形成的遗传和分子机理研究创新团队	2015 年
向文胜	东北农业大学	微生物天然产物农药创制创新团队	2015 年

姓名	工作单位	团队名称	入选时间
孙占祥	辽宁省农业科学院	北方旱地耕作制度创新团队	2015 年
孙崇德	浙江大学	果实营养与人类健康创新团队	2015 年
朱 艳	南京农业大学	作物精确栽培创新团队	2015 年
江正强	中国农业大学	农产品生物加工技术创新团队	2015 年
汤永禄	四川省农业科学院	南方丘陵小麦生理生态及产业技术创新团队	2015 年
闫 平	黑龙江省农业科学院	寒地水稻优质遗传育种创新团队	2015 年
闫喜军	中国农业科学院特产研究所	毛皮动物疫病防控创新团队	2015 年
阮建云	中国农业科学院茶叶研究所	茶树营养与生理创新团队	2015 年
齐 飞	农业部规划设计研究院	设施园艺栽培工艺与装备创新团队	2015 年
严建兵	华中农业大学	玉米种质资源创新和分子育种创新团队	2015 年
何 萍	中国农业科学院农业资源与农业区划研究所	养分管理创新团队	2015 年
吴昌银	华中农业大学	水稻发育生物学与遗传改良创新团队	2015 年
吴益东	南京农业大学	农业害虫抗药性创新团队	2015 年
宋国立	中国农业科学院棉花研究所	棉花功能基因组创新团队	2015 年
宋林生	大连海洋大学	水产动物免疫学基础及疫病防治创新团队	2015 年
张 杰	中国农业科学院植物保护研究所	Bt 菌株基因资源挖掘与应用创新团队	2015 年
张 斌	天津市农业科学院	大白菜遗传育种创新团队	2015 年

姓名	工作单位	团队名称	入选时间
张　颖	东北农业大学	农业典型污染物修复与资源化利用创新团队	2015 年
张克强	农业部环境保护科研监测所	养殖业污染防治创新团队	2015 年
张宏福	中国农业科学院北京畜牧兽医研究所	动物营养与环境创新团队	2015 年
张和平	内蒙古农业大学	乳酸菌与发酵乳制品应用基础研究创新团队	2015 年
张英俊	中国农业大学	草地管理和牧草生产创新团队	2015 年
张春义	中国农业科学院生物技术研究所	作物营养代谢创新团队	2015 年
张晓伟	河南省农业科学院	十字花科蔬菜生物技术育种创新团队	2015 年
张继红	中国水产科学研究院黄海水产研究所	浅海养殖容量与健康养殖创新团队	2015 年
张继瑜	中国农业科学院兰州畜牧与兽药研究所	兽药创新与安全评价创新团队	2015 年
张淑珍	东北农业大学	大豆抗病遗传育种创新团队	2015 年
张新忠	中国农业大学	落叶果树遗传与分子育种创新团队	2015 年
张德权	中国农业科学院农产品加工研究所	肉品科学与技术创新团队	2015 年
张德咏	湖南省农业科学院	农用微生物制品与农产品安全生产技术创新团队	2015 年
李文笙	中山大学	重要经济鱼类健康养殖综合技术研发创新团队	2015 年

姓名	工作单位	团队名称	入选时间
李光玉	中国农业科学院特产研究所	特种动物营养与饲养创新团队	2015 年
李建国	华南农业大学	荔枝花果发育理论与栽培技术创新团队	2015 年
李英慧	中国农业科学院作物科学研究所	大豆驯化性状建成的遗传基础解析创新团队	2015 年
李胜利	中国农业大学	奶牛营养与饲料科学创新团队	2015 年
李哲敏	中国农业科学院农业信息研究所	农业生产管理数字化技术创新团队	2015 年
李盛本	中国农业科学院深圳农业基因组研究所	农作物分子设计育种创新团队	2015 年
李道亮	中国农业大学	水产养殖物联网技术创新团队	2015 年
李新海	中国农业科学院作物科学研究所	玉米遗传改良与种质创新团队	2015 年
来琦芳	中国水产科学研究院东海水产研究所	盐碱水土资源渔业开发利用创新团队	2015 年
杨飞云	重庆市畜牧科学院	饲料资源开发与利用创新团队	2015 年
杨国顺	湖南农业大学	刺葡萄种质创新与开发利用创新团队	2015 年
杨青川	中国农业科学院北京畜牧兽医研究所	豆科牧草育种创新团队	2015 年
杨　洲	华南农业大学	水果生产装备创新团队	2015 年
杨德光	东北农业大学	玉米非生物逆境生理与调控创新团队	2015 年

姓名	工作单位	团队名称	入选时间
汪以真	浙江大学	优质安全猪肉生产饲料营养技术研究创新团队	2015 年
肖少波	华中农业大学	动物病毒与宿主免疫系统相互作用研究及新型疫苗创制创新团队	2015 年
肖更生	广东省农业科学院	果蔬加工创新团队	2015 年
陆宴辉	中国农业科学院植物保护研究所	经济作物虫害监测与控制创新团队	2015 年
陈凤祥	安徽省农业科学院	油菜种质和育种材料创新团队	2015 年
陈丕茂	中国水产科学研究院南海水产研究所	海洋牧场科技创新团队	2015 年
陈发棣	南京农业大学	菊花遗传育种创新团队	2015 年
陈立平	北京市农林科学院	农业信息获取与精准作业装备创新团队	2015 年
陈仲新	中国农业科学院农业资源与农业区划研究所	农业空间信息技术创新团队	2015 年
陈宝梁	浙江大学	土壤污染缓解与控制创新团队	2015 年
陈新平	中国农业大学	玉米营养与施肥创新团队	2015 年
单世华	山东省花生研究所	花生种质鉴定评价与利用创新团队	2015 年
周小秋	四川农业大学	淡水鱼健康营养技术及其应用创新团队	2015 年
孟昭东	山东省农业科学院	黄淮海生态区玉米遗传育种创新团队	2015 年

姓名	工作单位	团队名称	入选时间
尚庆茂	中国农业科学院蔬菜花卉研究所	蔬菜种苗发育调控与繁育技术创新团队	2015 年
林亲录	中南林业科技大学	稻米深加工与副产物综合利用创新团队	2015 年
罗会颖	中国农业科学院饲料研究所	饲用酶工程创新团队	2015 年
范术丽	中国农业科学院棉花研究所	棉花早熟育种创新团队	2015 年
范红结	南京农业大学	动物病原微生物致病及免疫机理研究创新团队	2015 年
茅云翔	中国海洋大学	经济海藻遗传学与育种创新团队	2015 年
金勇丰	浙江大学	家蚕生物反应器创新团队	2015 年
侯永清	武汉轻工大学	饲料资源与加工创新团队	2015 年
侯立刚	吉林省农业科学院	北方粳稻栽培与耕作创新团队	2015 年
姜道宏	华中农业大学	油菜病害绿色防控创新团队	2015 年
柏连阳	湖南省农业科学院	农田杂草安全高效防控创新团队	2015 年
段留生	中国农业大学	生物调节剂创制与农业应用创新团队	2015 年
赵书红	华中农业大学	猪基因组与遗传改良创新团队	2015 年
赵宪勇	中国水产科学研究院黄海水产研究所	渔业资源声学评估与远洋渔业资源开发利用创新团队	2015 年
赵晓燕	北京市农林科学院	蔬菜保鲜加工创新团队	2015 年
唐绍清	中国水稻研究所	超级专用早稻遗传改良创新团队	2015 年

姓名	工作单位	团队名称	入选时间
姬秋梅	西藏自治区农牧科学院	西藏自治区牦牛繁育科研创新团队	2015 年
徐辰武	扬州大学	作物数量遗传和品种分子设计创新团队	2015 年
郭文武	华中农业大学	柑橘细胞工程与遗传改良创新团队	2015 年
郭爱珍	华中农业大学	牛病防治基础与技术创新团队	2015 年
钱永忠	中国农业科学院农业质量标准与检测技术研究所	农产品质量安全风险监测与评估创新团队	2015 年
顾正彪	江南大学	淀粉质农产品加工技术与工程创新团队	2015 年
常亚青	大连海洋大学	经济棘皮动物遗传育种与健康养殖创新团队	2015 年
曹卫东	中国农业科学院农业资源与农业区划研究所	绿肥生产与利用创新团队	2015 年
梁慧珍	河南省农业科学院	特种油料作物品质改良创新团队	2015 年
梅时勇	中国农业科学院麻类研究所	特色蔬菜种质资源与遗传改良创新团队	2015 年
谌志新	中国水产科学研究院渔业机械仪器研究所	远洋渔船与装备研发创新团队	2015 年
黄三文	中国农业科学院深圳农业基因组研究所	经济作物全基因组设计育种创新团队	2015 年
黄保续	中国动物卫生与流行病学中心	兽医流行病学研究创新团队	2015 年

姓名	工作单位	团队名称	入选时间
黄贵修	中国热带农业科学院环境与植物保护研究所	橡胶、木薯病害监控创新团队	2015 年
傅彬英	中国农业科学院作物科学研究所	水稻分子设计技术与应用创新团队	2015 年
储明星	中国农业科学院北京畜牧兽医研究所	肉羊高繁殖力分子机理研究创新团队	2015 年
彭 政	中国热带农业科学院农产品加工研究所	天然橡胶高性能化加工创新团队	2015 年
彭源德	中国农业科学院麻类研究所	农产品加工微生物遗传改良与应用创新团队	2015 年
曾建国	湖南农业大学	兽用中药资源与中兽药创制创新团队	2015 年
程安春	四川农业大学	水禽传染病防控关键技术研究和应用创新团队	2015 年
程家骅	中国水产科学研究院东海水产研究所	近海渔业资源养护管理研究创新团队	2015 年
舒鼎铭	广东省农业科学院	优质肉鸡遗传育种创新团队	2015 年
董合忠	山东棉花研究中心	棉花耕作栽培与生理生态创新团队	2015 年
董在杰	中国水产科学研究院淡水渔业研究中心	鲤科鱼类种质资源及其遗传改良创新团队	2015 年
谢江辉	中国热带农业科学院南亚热带作物研究所	热带果树研究创新团队	2015 年
廖 红	福建农林大学	茶树根系养分高效改良及应用创新团队	2015 年
廖小军	中国农业大学	食品非热加工创新团队	2015 年

姓名	工作单位	团队名称	入选时间
廖庆喜	华中农业大学	油菜机械化生产关键技术与装备创新团队	2015 年
樊　伟	中国水产科学研究院东海水产研究所	渔业资源遥感信息技术创新团队	2015 年
樊廷录	甘肃省农业科学院	旱地集雨高效用水技术研究与应用创新团队	2015 年
黎　裕	中国农业科学院作物科学研究所	玉米种质资源研究与利用创新团队	2015 年
魏　丹	黑龙江农业科学院 现：北京市农林科学院	黑土资源保护与持续利用创新团队	2015 年
魏兴华	中国水稻研究所	水稻种质资源研究创新团队	2015 年

4. 农业科研杰出人才培养计划实施情况评估调查问卷

一、基本情况

1. 基本信息

姓名：

性别：□男　　　□女

民族：

出生年月：

政治面貌：

学历：□本科　　　□硕士　　　□博士

专业技术职称：□正高四级　　　□正高三级

□正高二级　　　□正高一级

职务：

工作单位：

2. 您主要从事的研究领域：（可多选）

A. 农作物品种资源、遗传改良、生理生化、品种培育、耕作栽培

B. 经特作（棉、油、糖、茶、烟、蚕桑、麻类、中药材、橡胶、胡椒、咖啡、木薯、香料等）品种资源、遗传改良、生理生化、品种培育、耕作栽培

C. 园艺类（果树、蔬菜、瓜类、花卉、食用菌等）品种资源、遗传改良、生理生化、品种培育、种植栽培

D. 资源环境与保护、土壤肥料

E. 植物保护

F. 生物技术（基因工程、发酵工程、细胞工程、酶工程以及分子育种）

G. 畜禽、牧草、特种动物品种资源、遗传改良、生理生化、品种选育与饲养

H. 动物疫病防控

I. 渔业品种资源、遗传改良、生理生化、品种选育与养殖

J. 农牧渔业设施装备与工程

K. 农产品加工、原子能利用

L. 农村能源（生物质能、太阳能、风能、微水电等）

M. 农经、区划、信息技术

N. 农产品质量标准与检测技术

O. 其他

3. **您获得过的人才荣誉、各类科技人才计划资助的类型有：（可多选）**

A. 两院院士

B. 国家"万人计划"入选者

C. 国家"万人计划"青年拔尖人才

D. 长江学者（教育部）

E. 国家杰出青年基金获得者（国家自然科学基金委）

F. 国家优秀青年基金获得者（国家自然科学基金委）

G. 国家"百千万人才工程"第一、第二层次人员（农业领域）

H. 中国科学院"百人计划"入选者

I. 享受国务院或省政府特殊津贴的专业技术人员

J. 省级以上有突出贡献中青年专家

K. 中华农业英才奖获得者（农业农村部）

L. 全国杰出专业技术人才（人社部）

M. 新世纪优秀人才（教育部）

N. 中青年科技创新领军人才及创新团队（科技部）

O. 全国杰出科技人才（中国科协）

P. 全国优秀科技工作者（中国科协）

Q. 中国青年科技奖获得者（中国科协）

R. 青年人才托举工程入选者（中国科协）

S. 国家科技奖励（国家最高科学技术奖、国家自然科学奖、国家科技进步奖、国家技术发明奖）项目第一完成人

T. 国家级重点学科、重点实验室、工程技术研究中心学术带头人

U. 现代农业产业技术体系首席专家、岗位科学家

V. 其他

二、当选农业科研杰出人才后，取得的科研业绩情况

1. 主持国家级重大项目有：（可多选，并在括号中注明项目数量和经费数额）

A. 国家重大科技专项（　　　）

B. 国家重大科技研究计划（　　　）

C. 国家创新人才计划（　　　）

D. 国家基础性研究重大关键技术项目（　　　）

E. 国家自然科学基金重大研究计划（　　　）

F. 国家自然科学基金杰出青年科学基金（　　　）

G. 国家"973"计划（　　　）

H. 国家"863"计划（　　　）

I. 国家重点研发计划（　　　）

J. 其他（　　　）

2. 主持国家级重点项目（国家自然科学基金重点项目）数量有_____，经费数额_____万元。

3. 主持国家级一般项目有（可多选，并在括号中注明项目数量和经费数额）：

A. 国家科技支撑计划（　　　）

B. 国际科技合作专项（　　　）

C. 国家"973""863"、重大专项子课题（　　　）

D. 国家自然科学基金面上项目、青年基金、国际合作交流基金、联合基金、专项基金等项目（　　　）

E. 其他（　　　）

4. 主持部委级科技计划项目与基金名称：_____、_____、_____、_____，数量_____，经费数额_____万元。

5. 主持省级科研项目名称：_____、_____、_____、_____，数量_____，经费数额_____万元。

6. 专著出版数量（第一作者）：国家级出版社_____；省级出版社_____。

7. 国际顶级学术期刊（*Nature*、*Science*、*Cell*、*PNAS*）发表数量（第一作者或通讯作者）：_____。

8. SCI、EI 发表数量（第一作者或通讯作者）：_____。

9. 论文被引频次（第一作者或通讯作者）：_____。

10. 国际学术会议作报告情况：组织、主持 _____ 个，参加 _____ 个。

11. 全国性学术会议作报告：组织、主持 _____ 个，参加 _____ 个。

12. 研究报告建议被党中央、国务院采纳数：_____。

13. 研究报告建议被国家部委采纳数_____。

14. 研究报告建议被省委、省政府委采纳数_____。

15. 获得的国家级、省级专有证书数_____。

专有证书数：指各级行政部门批准的动、植物品种、农业机械、兽药、农药、肥料、添加剂等登记证和审定、认定证书。

16. 获得的国家级、省级知识产权数_____。

知识产权数：指获国家批准的发明专利、实用新型专利、版权、著作权和授权品种数量。

17. 作为项目负责人的成果转化技术收入额_____万元。

18. 作为项目负责人的科技推广面积_____万亩。

19. 作为项目负责人的推广应用成果效益_____万元。

20. 团队人才培养：

团队总人数_____名，其中硕士_____名；博士_____名；博士后_____名。

团队成员中级职称升副高职称_____名；团队成员副高职称升正高职称_____名。

21. 获得的国家科技奖励（国家最高科学技术奖、国家自然科学奖、国家科技进步奖、国家技术发明奖等项目第一完成人）项目数：_____；获得的省部级科技奖励项目数：_____。

22. 在农业产业发展的支撑和服务方面，如解决单项产业发展的技术瓶颈问题、完善具体技术数据、直接指导农业生产实际等，取得了哪些成效？

三、农业科技领军人才成长的影响因素量表

（在下面每个题目的右侧，请根据您自身成长成才经历，对相应陈述的同意程度或根据对您成长的重要性，选择一个相应的数字，填在括号里面）

1	2	3	4	5
不重要	较不重要	中立	重要	非常重要
编号	问题		不重要——非常重要	
影响您成长的教育因素				
1	家庭教育与家庭文化传统	（ ） 1 2 3 4 5		
2	中小学启蒙和素质教育	（ ） 1 2 3 4 5		
3	大学阶段的专业基础教育	（ ） 1 2 3 4 5		
4	研究生阶段的系统科研训练	（ ） 1 2 3 4 5		
5	海外留学与进修	（ ） 1 2 3 4 5		
6	导师（实验室主任）影响	（ ） 1 2 3 4 5		
7	创新文化与氛围	（ ） 1 2 3 4 5		
8	教学和实验条件	（ ） 1 2 3 4 5		
9	科研平台与参与重大科研项目机会	（ ） 1 2 3 4 5		
影响您成长的个人素质因素				
1	个人兴趣爱好	（ ） 1 2 3 4 5		
2	个人智力水平	（ ） 1 2 3 4 5		
3	合理的知识结构	（ ） 1 2 3 4 5		
4	坚实的理论基础	（ ） 1 2 3 4 5		
5	创造性思维能力	（ ） 1 2 3 4 5		
6	成就欲望强烈	（ ） 1 2 3 4 5		
7	好奇心与批判和怀疑精神	（ ） 1 2 3 4 5		

8	学习和接受新事物能力	（　　）	1	2	3	4	5
9	开阔的学术眼光与活跃的学术思想	（　　）	1	2	3	4	5
10	鲜明的独立倾向与自主意识	（　　）	1	2	3	4	5
11	自信心与谦逊精神	（　　）	1	2	3	4	5
12	组织协调与合作精神	（　　）	1	2	3	4	5
13	心理素质（抗挫折和压力的能力）	（　　）	1	2	3	4	5
14	淡泊名利的价值观	（　　）	1	2	3	4	5
15	科学的态度和求实的精神	（　　）	1	2	3	4	5

影响您成长的工作环境因素

1	科研人员物质待遇	（　　）	1	2	3	4	5
2	科研条件	（　　）	1	2	3	4	5
3	工作单位的学术地位和影响力	（　　）	1	2	3	4	5
4	单位人才资源与数量（人才集聚效应）	（　　）	1	2	3	4	5
5	学术领导人的素质	（　　）	1	2	3	4	5
6	科研计划管理与评价制度	（　　）	1	2	3	4	5
7	人才培养、使用与激励机制	（　　）	1	2	3	4	5
8	团队建设与合作机制	（　　）	1	2	3	4	5
9	国际交流与合作机会	（　　）	1	2	3	4	5
10	专业深造提升机会	（　　）	1	2	3	4	5
11	职务/职称晋升机会	（　　）	1	2	3	4	5
12	单位科研学术氛围	（　　）	1	2	3	4	5
13	单位发展理念与文化	（　　）	1	2	3	4	5

影响您成长的制度和创新文化因素

1	农业科技人才的社会地位	（　　）	1	2	3	4	5
2	社会创新创业文化氛围	（　　）	1	2	3	4	5
3	农业科研事业单位分类改革	（　　）	1	2	3	4	5
4	科研计划项目和成果管理机制	（　　）	1	2	3	4	5
5	农业科技协同创新表彰机制（国家与区域农业科技创新联盟体系建设、现代农业产业技术体系建设、农业部学科群实验室体系建设）	（　　）	1	2	3	4	5

6	科技评价与激励机制	（ ）	1	2	3	4	5
7	科技人才政策	（ ）	1	2	3	4	5
8	知识产权保护制度	（ ）	1	2	3	4	5
9	农业科技转化平台资源	（ ）	1	2	3	4	5
10	科研人员易于获得科技项目	（ ）	1	2	3	4	5
11	青年科研人员易于获得科技项目	（ ）	1	2	3	4	5

四、学习经历

1. 您的父母受教育程度或文化水平：

    A. 研究生   B. 本科   C. 专科   D. 高中及以下

2. 您的父母对您从小的教育方式：

    A. 主张充分自由选择，发散式教育，任其自由发展

    B. 给予较大自由空间，引导式教育，在方向性指导

    C. 很有计划、按部就班的目标导向性教育

    D. 其他

3. 您在青少年时期对科学技术的兴趣：

    A. 高   B. 较高   C. 一般   D. 无

4. 您的高中毕业学校是：

    A. 省重点   B. 市重点   C. 县重点   D. 普通

5. 您在大学就读的学校是：

    A. "985" 高校   B. "211" 高校   C. 普通高校   D. 其他

6. 您在大学期间的专业课学习成绩是：

    A. 优秀   B. 良好   C. 一般   D. 较差

7. 您在大学期间参与老师的科研工作情况：

    A. 深度参与   B. 一般参与   C. 一般了解   D. 没有参与

8. 您就读大学的哪些学术和人文环境因素对您的专业兴趣和专业发展

产生重要影响（可多选）：

    A. 知名教授讲课   B. 学术交流氛围

    C. 学术传统   D. 文化传统

    E. 教学和实验条件   F. 国际合作与交流

    G. 追求卓越的精神   H. 远大的理想和抱负

    I. 求真务实的精神   J. 知名校友的激励

    K. 尊重知识、尊重创造的氛围 L. 大学生科技创新活动

    M. 参与导师的科研工作   N. 其他

9. 您攻读硕士学位的高等教育机构是：

    A. "985" 高校   B. "211" 高校

    C. 普通高校   D. 科研机构

    E. 国外大学

10. 您师从的硕士研究生导师是：

    A. 两院院士   B. 国际知名学者

    C. 国内知名学者   D. 其他

11. 您在硕士研究生阶段参加过哪类科研项目工作（可多选）：

    A. "863" 计划项目   B. "973" 计划项目

    C. "948" 计划项目   D. 科技支撑计划项目

    E. 国家科技重大专项   F. 国家重大科学工程

    G. 国家科学基金项目   H. 省部级科研项目

    I. 国际合作项目   J. 企业委托项目

    K. 其他

12. 您攻读博士学位的高等教育机构是：

    A. "985" 高校   B. "211" 高校

    C. 普通高校   D. 科研机构

13. 您师从的博士研究生导师是：

    A. 两院院士   B. 国际知名学者

    C. 国内知名学者   D. 其他

14. 您在博士研究生阶段参加过哪类科研项目工作：（可多选）

    A. "863" 计划项目   B. "973" 计划项目

    C. "948" 计划项目   D. 科技支撑计划项目

    E. 国家科技重大专项   F. 国家重大科学工程

    G. 国家科学基金项目   H. 省部级科研项目

    I. 国际合作项目   J. 企业委托项目

    K. 其他

15. 您在硕士或博士研究生学习阶段参与过哪些国际合作交流活动：
（可多选）

    A. 在国内参加国际会议   B. 出国参加国际会议

    C. 出国进修   D. 在国外攻读博士学位

    E. 参加国际合作研究项目

五、工作经历

（若您从事过博士后研究，请填写 16～18 题，否则请直接跳至 19 题）

1. 您从事博士后研究工作的机构是：

    A. "985" 高校   B. "211" 高校

    C. 普通高校   D. 科研机构

    E. 国外大学   F. 企业

2. 您的博士后合作导师是：

    A. 两院院士   B. 国际知名学者

    C. 国内知名学者   D. 其他

3. 您在博士后研究阶段参与过哪类科研项目工作：（可多选）

A. "863" 计划项目　　　　B. "973" 计划项目

C. "948" 计划项目　　　　D. 科技支撑计划项目

E. 国家科技重大专项　　　F. 国家重大科学工程

G. 国家科学基金项目　　　H. 省部级科研项目

I. 国际合作项目　　　　　J. 企业委托项目

K. 其他

4. 您在大学或者研究生毕业后选择从事科研工作的动因是：（可多选）

A. 对科研的兴趣　　　　　B. 导师的引导

C. 发挥个人专长　　　　　D. 较高的社会地位

E. 父母的影响　　　　　　F. 科研环境的改善

G. 学术成就感　　　　　　H. 淡薄物质利益

I. 其他（请注明）

5. 在您的职业生涯早期，您获得的对专业发展有重要意义的科研项目资助或人才计划类型有：（可多选）

A 国家自然科学基金青年科学基金项目

B. 国家博士后科学基金项目

C. 国家科学基金面上项目

D. 国家地区科学基金项目

E. 国家 "973" 计划青年科学家专题项目

F. 省部级科研项目

G. 青年拔尖人才支持计划（中组部）

H. 青年人才托举工程（中国科协）

I. 中国农业科学院 "青年英才计划"

J. 其他

6. 您的代表性创新研究成果主要是在哪几个阶段取得的：（可多选）

A. 学校学习阶段   B. 工作头 5 年

C. 工作 5～10 年   D. 工作 10～15 年

E. 工作 15～20 年   F. 工作 20～25 年

G. 工作 25 年以后   H. 其他

7. 如果您有海外留学经历，您认为国外的学习和研究经历对个人专业发展的影响主要是：（可多选）

A. 培养创新思维和能力   B. 掌握先进的研究方法

C. 进入科技前沿领域   D. 开拓国际化视野

E. 建立广泛的国际合作关系   F. 开展高水平的国际合作研究

G. 利用国外的科技资源和设施   H. 提高团队合作意识

I. 其他

8. 您从事专业工作以后，晋升副高职称的年龄＿＿＿，晋升正高职称的年龄＿＿＿，当选"两院"院士的年龄＿＿＿。

六、对农业科技领军人才培养和管理的认识和体会（请在您认为合适的选项上打√）

（一）人才培养方面

1. 您认为目前制约农业科技领军人才培养的体制机制的主要问题是：（可多选）

A. 创新教育环节未融入国民教育体系

B. 科学精神、创造性思维和创新能力培养薄弱

C. 科学研究与高等教育结合不够紧密

D. 高校交叉学科、新兴学科专业人才培养薄弱

E. 高校工程技术专业实践环节薄弱

F. 大学生技能培训和创业培训薄弱

G. 研究生参加高水平科研项目的机会少

H. 博士生和博士后缺乏稳定的科研资助机制

I. 产学研用联合培养农业创新人才的体制机制尚未建立

J. 其他

2. 您认为农业科技领军人才培养途径有哪些：（可多选）

A. 政府和用人单位的科研项目资助

B. 政府或用人单位的重点人才培养计划

C. 单位支持的攻读学位

D. 经常参加高层次学术研讨会

E. 自学成才

F. 加入优秀科研团队

G. 提供出国培训或合作研究的机会

H. 选派到重要岗位上锻炼

I. 其他（请说明）

3. 您认为目前制约农业科技领军人才成长和发挥才干的体制机制的主要问题是：（可多选）

A. 急功近利、学术浮躁的风气导致的不利影响

B. 尚未建立以"创新驱动发展战略"为导向的创新人才评价机制

C. 尚未建立适合青年专业人才成长的竞争和聘用制度

D. 对优秀青年专业人才特别是科技人才的科研资助面和资助强度不够

E. 有些人才资助计划异化为终身"品牌"，造成过度的马太效应，破坏了公平竞争环境

F. 科研机构"行政化"倾向破坏了科研工作的环境，使得科研人员难以安心做科研

G. 对面向生产一线的实用工程人才和专业技能人才的培养重视不够

H. 对实验技师等科研辅助人才的培养和培训重视不够

I. 杰出创新型企业家和高级管理人才的成长环境有待改善

J. 科技人员的积极性和创造性没有充分调动，原创性的科研项目缺乏稳定支持

K. 其他

4. 影响农业科技领军人才发展的主要制约因素是：（可多选）

A. 工资待遇偏低   B. 主要领导重视程度不够

C. 缺乏政府政策支持   D. 科研工作条件差

E. 继续深造机会少   F. 研究成果转化困难

G. 职称晋升困难   H. 工作调动困难

I. 学术交流困难   J. 科研经费不足

K. 出国机会少   L. 招收研究生指标少

M. 其他（请说明）

5. 您认为影响农业科技领军人才成长的关键制度和创新文化因素是：（可多选）

A. 科研资助体系与运作机制

B. 竞争资助与稳定支持的资源配置方式

C. 科技人才政策   D. 科技评价制度

E. 科技奖励制度   F. 学术风气

G. 科研人员的待遇   H. 科研人员的社会地位

I. 创新创业环境   J. 创新文化氛围

K. 其他

（二）人才管理方面

6. 您认为农业科技领军人才进行绩效定量考核时，应采用哪些指标较为合理？_____（可多选）

A. 个人论文数量和影响力   B. 团队论文数量和影响力

C. 技术发明专利数量

D. 承担科研任务与获得项目经费情况

E. 科研获奖数量和层次   F. 培养的团队科研人才数量

G. 学术质量和学术获奖   H. 对农业产业化的贡献

I. 成果转化率/贡献率   J. 组织影响力提高程度

K. 服务"三农"的能力   L. 经济效益

M. 社会效益   N. 其他

7. 您认为激励农业科技领军人才从事创新活动的规定和措施有（可多选）：_____；其中最有效的手段是_____

A. 一次性货币化奖励   B. 按照成果与课题数量进行奖励

C. 成果产业化后的货币化奖励

D. 科研条件扶持   E. 住房等其他基本生活条件的改善

F. 授予荣誉称号   G. 晋升、加薪

H. 提供学习培训机会   I. 其他

8. 您认为政府在农业科技领军人才队伍建设中最需要做的是：_____（可多选）

A. 完善公平合理的科技立项程序与审批制度

B. 保护知识产权   C. 完善科技成果的评价和奖励制度

D. 完善科研条件设施   E. 营造廉洁高效的科技创新服务环境

F. 促进人才合理流动   G. 完善公平公正公开的用人制度

H. 其他

5. 农业科技领军人才评价调查问卷

感谢您在百忙之中填写本问卷。您完成的本次问卷调查将为农业科技领军人才队伍的建设做出贡献。

比较标度和解释

标度 C_{ij}	涵义	解释
1	C_i 与 C_j 的影响相同	两个要素贡献相同
3	C_i 比 C_j 影响稍强	一要素比另一贡献稍大
5	C_i 比 C_j 影响强	一要素比另一贡献大
7	C_i 比 C_j 影响明显强	一要素比另一贡献明显大
9	C_i 比 C_j 影响绝对强	一要素比另一贡献绝对大
2，4，6，8	C_i 与 C_j 影响之比介于以上之间	
1，1/2，…，1/9	C_i 与 C_j 影响之比为上面的倒数	

一、各项在评价农业科技领军人才中的重要程度

评价标度如上表所示，数字越大，代表横轴所列指标的重要性越大。如，在评价农业科技领军人才中，若科研业绩 i 相对科技奖励 j 而言更为重要，则第二行第三列中数字应该大于 1，数字越大，科研业绩的相对重要性越大；反之，则所填数字为 1/2，1/3，…，1/9 等，数字越小，科研业绩相对重要性越小。

j	i				
	科研业绩	科技奖励	人才荣誉	学术与科研任职	学术合作与交流
科研业绩	—				
科技奖励	—	—			
人才荣誉	—	—	—		
学术与科研任职	—	—	—	—	
学术合作与交流	—	—	—	—	—

二、各项对评价科研业绩的重要程度

j \ i	专著与重要论文	论文被引	重要学术会议报告	成果的政府采纳	鉴定成果及知识产权数	成果转化应用推广	人才培养	主持重要科研课题	国家级科技奖励荣誉	院士荣誉	长江学者	国家重点学科、实验室等学术带头人	学术科研管理职务	重要学术兼职	组织重要学术与科技会议
专著与重要论文	一														
论文被引与成果应用		一													
重要学术会议报告			一												
成果的政府采纳				一											
鉴定成果及知识产权数					一										
成果转化应用推广						一									
人才培养							一								
主持重要科研课题								一							
国家级科技奖励荣誉									一						

j / i	专著与重要论文	论文被引	重要学术会议报告	成果的政府采纳	鉴定成果及知识产权数	成果转化应用推广	人才培养	主持重要科研课题	国家级科技奖励荣誉	院士荣誉	长江学者	国家重点学科、实验室等学术带头人	学术科研管理职务	重要学术兼职	组织重要学术与科技会议
院士荣誉	—	—	—	—	—	—	—	—	—						
长江学者等荣誉	—	—	—	—	—	—	—	—	—	—					
国家重点学科、实验室等学术带头人	—	—	—	—	—	—	—	—	—	—	—				
学术科研管理职务	—	—	—	—	—	—	—	—	—	—	—	—			
重要学术兼职	—	—	—	—	—	—	—	—	—	—	—	—	—		
组织重要学术与科技会议	—	—	—	—	—	—	—	—	—	—	—	—	—	—	

三、各项对获得科技奖励的贡献程度

评价标度如上表所示，数字越大，代表横轴所列指标的重要性越大。如，在获得科技奖励中，若专著与重要论文 i 相对论文被引与成果应用 j 而言更为重要，则第二行第三列中数字应该大于1，数字越大，专著与重要论文的相对重要性越大；反之，则所填数字为 1/2，1/3，…，1/9 等，数字越小，专著与重要论文相对重要性越小。

j	专著与重要论文	论文被引与成果应用	重要学术会议报告	成果的政府采纳	鉴定成果及知识产权数	成果转化应用推广	人才培养	主持重要科研课题	国家级科技奖励荣誉	院士荣誉	长江学者等荣誉	国家重点学科、实验室等学术带头人	学术科研管理职务	重要学术兼职	组织重要学术与科技会议
												i			
专著与重要论文	—														
论文被引与成果应用	—	—													
重要学术会议报告	—	—	—												
成果的政府采纳	—	—	—	—											
鉴定成果及知识产权数	—	—	—	—	—										
成果转化应用推广	—	—	—	—	—	—									
人才培养	—	—	—	—	—	—	—								
主持重要科研课题	—	—	—	—	—	—	—	—							
国家级科技奖励荣誉	—	—	—	—	—	—	—	—	—						
院士荣誉	—	—	—	—	—	—	—	—	—	—					
长江学者等荣誉	—	—	—	—	—	—	—	—	—	—	—				

j	\multicolumn{15}{c}{i}
	专著与重要论文	论文被引与成果应用	重要学术会议报告	成果的政府采纳	鉴定成果及知识产权数	成果转化应用推广	人才培养	主持重要科研课题	国家级科技奖励荣誉	院士荣誉	长江学者等荣誉	国家重点学科、实验室等学术带头人	学术科研管理职务	重要学术兼职	组织重要学术与科技会议
国家重点学科、实验室等学术带头人	—	—	—	—	—	—	—	—	—	—	—	—			
学术科研管理职务	—	—	—	—	—	—	—	—	—	—	—	—	—		
重要学术兼职	—	—	—	—	—	—	—	—	—	—	—	—	—	—	
组织重要学术与科技会议	—	—	—	—	—	—	—	—	—	—	—	—	—	—	—

四、各项对获得人才荣誉中的贡献程度

j	\multicolumn{15}{c}{i}
	专著与重要论文	论文被引	重要学术会议报告	成果的政府采纳	鉴定成果及知识产权数	成果转化应用推广	人才培养	主持重要科研课题	国家级科技奖励荣誉	院士荣誉	长江学者等荣誉	国家重点学科、实验室等学术带头人	学术科研管理职务	重要学术兼职	组织重要学术与科技会议
专著与重要论文	—														
论文被引与成果应用	—	—													
重要学术会议报告	—	—	—												
成果的政府采纳	—	—	—	—											
鉴定成果及知识产权数	—	—	—	—	—										
成果转化应用推广	—	—	—	—	—	—									

j ＼ i	专著与重要论文	论文被引	重要学术会议报告	成果的政府采纳	鉴定成果及知识产权数	成果转化应用推广	人才培养	主持重要科研课题	国家级科技奖励荣誉	院士荣誉	长江学者等荣誉	国家重点学科、实验室等学术带头人	学术科研管理职务	重要学术兼职	组织重要学术与科技会议
人才培养	—	—	—	—	—	—	—								
主持重要科研课题	—	—	—	—	—	—	—	—							
国家级科技奖励荣誉	—	—	—	—	—	—	—	—	—						
院士荣誉	—	—	—	—	—	—	—	—	—	—					
长江学者等荣誉	—	—	—	—	—	—	—	—	—	—	—				
国家重点学科、实验室等学术带头人	—	—	—	—	—	—	—	—	—	—	—	—			
学术科研管理职务	—	—	—	—	—	—	—	—	—	—	—	—	—		
重要学术兼职	—	—	—	—	—	—	—	—	—	—	—	—	—	—	
组织重要学术与科技会议	—	—	—	—	—	—	—	—	—	—	—	—	—	—	—

五、各项对在学术与科研任职的贡献程度

数字越大，代表横轴所列指标的重要性越大。如，在学术与科研任职中，若专著与重要论文相对主持重要科研课题而言更为重要，则第 2 行第 9 列中数字应该大于 1，数字越大，专著与重要论文的相对重要性越大；反之，则所填数字为 1/2，1/3，…，1/9 等，数字越小，专著与重要论文相对重要性越小。

j \ i	专著与重要论文	论文被引	重要学术会议报告	成果的政府采纳	鉴定成果及知识产权数	成果转化应用推广	人才培养	主持重要科研课题	国家级科技奖励荣誉	院士荣誉	长江学者等荣誉	国家重点学科、实验室等学术带头人	学术科研管理职务	重要学术兼职	组织重要学术与科技会议
专著与重要论文	—														
论文被引与成果应用	—	—													
重要学术会议报告															
成果的政府采纳	—	—	—												
鉴定成果及知识产权数	—	—	—	—											
成果转化应用推广	—	—	—	—	—										
人才培养	—	—	—	—	—	—									
主持重要科研课题	—	—	—	—	—	—	—								
国家级科技奖励荣誉															
院士荣誉	—	—	—	—	—	—	—	—							
长江学者等荣誉	—	—	—	—	—	—	—	—	—						
国家重点学科、实验室等学术带头人	—	—	—	—	—	—	—	—	—	—	—	—			
学术科研管理职务															
重要学术兼职	—	—	—	—	—	—	—	—	—	—	—	—	—		
组织重要学术与科技会议	—	—	—	—	—	—	—	—	—	—	—	—	—	—	

六、各项在学术交流与合作中的重要程度

j \ i	专著与重要论文	论文被引	重要学术会议报告	成果的政府采纳	鉴定成果及知识产权数	成果转化应用推广	人才培养	主持重要科研课题	国家级科技奖励荣誉	院士荣誉	长江学者等荣誉	国家重点学科、实验室等学术带头人	学术科研管理职务	重要学术兼职	组织重要学术与科技会议
专著与重要论文	—														
论文被引与成果应用	—	—													
重要学术会议报告	—	—	—												
成果的政府采纳	—	—	—	—											
鉴定成果及知识产权数	—	—	—	—	—										
成果转化应用推广	—	—	—	—	—	—									
人才培养	—	—	—	—	—	—	—								
主持重要科研课题	—	—	—	—	—	—	—	—							
国家级科技奖励荣誉	—	—	—	—	—	—	—	—	—						
院士荣誉	—	—	—	—	—	—	—	—	—	—					
长江学者等荣誉	—	—	—	—	—	—	—	—	—	—	—				
国家重点学科、实验室等学术带头人	—	—	—	—	—	—	—	—	—	—	—	—			
学术科研管理职务	—	—	—	—	—	—	—	—	—	—	—	—	—		
重要学术兼职	—	—	—	—	—	—	—	—	—	—	—	—	—	—	

j	i														
	专著与重要论文	论文被引	重要学术会议报告	成果的政府采纳	鉴定成果及知识产权数	成果转化应用推广	人才培养	主持重要科研课题	国家级科技奖励荣誉	院士荣誉	长江学者等荣誉	国家重点学科、实验室等学术带头人	学术科研管理职务	重要学术兼职	组织重要学术与科技会议
组织重要学术与科技会议	—	—	—	—	—	—	—	—	—	—	—	—	—	—	—

6. 判断矩阵计算结果

A 判断矩阵计算结果

A	B1	B2	B3	B4	B5
B1	1.00	2.99	3.52	3.24	3.41
B2	2.99	1.00	1.76	2.00	1.94
B3	3.52	1.76	1.00	1.58	1.48
B4	3.24	2.00	1.58	1.00	1.20
B5	3.41	1.94	1.48	1.20	1.00

B1 判断矩阵计算结果

B1	C1	C2	C3	C4	C5	C6	C7	C8	C9	C10	C11	C12	C13	C14	C15
C1	1.00	1.16	1.68	1.02	1.12	0.63	0.98	1.07	0.61	0.42	0.52	0.70	1.94	1.46	2.05
C2	1.16	1.00	2.51	1.05	1.28	0.83	1.09	1.10	0.60	0.47	0.54	0.79	1.91	1.57	1.89
C3	1.68	2.51	1.00	0.63	0.68	0.41	0.55	0.55	0.32	0.29	0.34	0.44	1.10	1.00	1.09
C4	1.02	1.05	0.63	1.00	1.47	0.84	0.99	1.04	0.50	0.40	0.50	0.74	1.74	1.61	1.66
C5	1.12	1.28	0.68	1.47	1.00	0.49	0.77	0.83	0.37	0.30	0.36	0.49	1.35	1.24	1.43
C6	0.63	0.83	0.41	0.84	0.49	1.00	1.19	1.49	0.64	0.44	0.59	0.79	2.07	1.93	2.23
C7	0.98	1.09	0.55	0.99	0.77	1.19	1.00	1.17	0.73	0.53	0.66	0.87	1.60	1.72	2.03
C8	1.07	1.10	0.55	1.04	0.83	1.49	1.17	1.00	0.49	0.38	0.43	0.70	1.84	1.64	2.10
C9	0.61	0.60	0.32	0.50	0.37	0.64	0.73	0.49	1.00	0.73	1.13	1.47	2.69	2.86	2.89
C10	0.42	0.47	0.29	0.40	0.30	0.44	0.53	0.38	0.73	1.00	2.64	2.89	3.68	3.72	3.76

B1	C1	C2	C3	C4	C5	C6	C7	C8	C9	C10	C11	C12	C13	C14	C15
C11	0.52	0.54	0.34	0.50	0.36	0.59	0.66	0.43	1.13	2.64	1.00	1.84	3.42	3.19	3.52
C12	0.70	0.79	0.44	0.74	0.49	0.79	0.87	0.70	1.47	2.89	1.84	1.00	2.94	2.36	2.52
C13	1.94	1.91	1.10	1.74	1.35	2.07	1.60	1.84	2.69	3.68	3.42	2.94	1.00	0.94	1.19
C14	1.46	1.57	1.00	1.61	1.24	1.93	1.72	1.64	2.86	3.72	3.19	2.36	0.94	1.00	1.46
C15	2.05	1.89	1.09	1.66	1.43	2.23	2.03	2.10	2.89	3.76	3.52	2.52	1.19	1.46	1.00

B2 判断矩阵计算结果

B2	C1	C2	C3	C4	C5	C6	C7	C8	C9	C10	C11	C12	C13	C14	C15
C1	1.00	0.90	2.04	0.87	0.94	0.55	1.14	0.98	0.45	0.56	0.68	0.90	2.58	2.44	2.49
C2	0.90	1.00	2.62	0.92	0.91	0.60	1.52	1.03	0.59	0.61	0.74	0.87	2.59	2.15	2.46
C3	2.04	2.62	1.00	0.50	0.52	0.35	0.87	0.43	0.30	0.39	0.45	0.52	1.24	1.24	1.16
C4	0.87	0.92	0.50	1.00	1.17	0.75	1.25	0.84	0.48	0.61	0.71	1.00	2.39	1.82	2.13
C5	0.94	0.91	0.52	1.17	1.00	0.68	1.30	0.92	0.51	0.66	0.81	1.02	2.31	1.87	2.05
C6	0.55	0.60	0.35	0.75	0.68	1.00	2.08	1.33	0.74	0.75	0.85	1.14	2.67	2.07	2.12
C7	1.14	1.52	0.87	1.25	1.30	2.08	1.00	0.72	0.46	0.48	0.53	0.70	1.52	1.40	1.40
C8	0.98	1.03	0.43	0.84	0.92	1.33	0.72	1.00	0.66	0.61	0.69	0.93	2.21	1.84	2.12
C9	0.45	0.59	0.30	0.48	0.51	0.74	0.46	0.66	1.00	0.85	1.14	1.47	2.86	2.67	3.25
C10	0.56	0.61	0.39	0.61	0.66	0.75	0.48	0.61	0.85	1.00	1.92	2.24	3.26	3.09	3.06
C11	0.68	0.74	0.45	0.71	0.81	0.85	0.53	0.69	1.14	1.92	1.00	1.53	2.77	2.50	2.60
C12	0.90	0.87	0.52	1.00	1.02	1.14	0.70	0.93	1.47	2.24	1.53	1.00	2.19	1.84	2.11
C13	2.58	2.59	1.24	2.39	2.31	2.67	1.52	2.21	2.86	3.26	2.77	2.19	1.00	0.73	0.87
C14	2.44	2.15	1.24	1.82	1.87	2.07	1.40	1.84	2.67	3.09	2.50	1.84	0.73	1.00	1.23
C15	2.49	2.46	1.16	2.13	2.05	2.12	1.40	2.12	3.25	3.06	2.60	2.11	0.87	1.46	1.00

B3 判断矩阵计算结果

B3	C1	C2	C3	C4	C5	C6	C7	C8	C9	C10	C11	C12	C13	C14	C15
C1	1.00	1.14	1.95	0.94	1.07	0.83	1.47	0.91	0.36	0.32	0.41	0.52	1.81	1.39	1.96
C2	1.14	1.00	2.36	0.93	1.05	0.69	1.24	0.69	0.36	0.33	0.40	0.49	1.61	1.25	1.70
C3	1.95	2.36	1.00	0.57	0.56	0.46	0.61	0.37	0.25	0.25	0.30	0.41	0.97	0.87	1.09

B3	C1	C2	C3	C4	C5	C6	C7	C8	C9	C10	C11	C12	C13	C14	C15
C4	0.94	0.93	0.57	1.00	1.20	0.96	1.14	0.88	0.41	0.42	0.49	0.67	1.51	1.36	1.81
C5	1.07	1.05	0.56	1.20	1.00	0.70	0.95	0.67	0.34	0.34	0.40	0.51	1.48	1.36	1.68
C6	0.83	0.69	0.46	0.96	0.70	1.00	1.37	1.03	0.51	0.50	0.54	0.68	1.66	1.65	1.88
C7	1.47	1.24	0.61	1.14	0.95	1.37	1.00	0.64	0.41	0.37	0.43	0.58	1.31	1.24	1.65
C8	0.91	0.69	0.37	0.88	0.67	1.03	0.64	1.00	0.49	0.44	0.55	0.70	1.88	1.63	2.26
C9	0.36	0.36	0.25	0.41	0.34	0.51	0.41	0.49	1.00	0.77	1.06	1.49	3.05	2.79	3.29
C10	0.32	0.33	0.25	0.42	0.34	0.50	0.37	0.44	0.77	1.00	1.83	2.27	3.81	3.67	3.99
C11	0.41	0.40	0.30	0.49	0.40	0.54	0.43	0.55	1.06	1.83	1.00	1.57	3.23	2.85	3.36
C12	0.52	0.49	0.41	0.67	0.51	0.68	0.58	0.70	1.49	2.27	1.57	1.00	2.55	2.39	2.68
C13	1.81	1.61	0.97	1.51	1.48	1.66	1.31	1.88	3.05	3.81	3.23	2.55	1.00	0.89	1.19
C14	1.39	1.25	0.87	1.36	1.36	1.65	1.24	1.63	2.79	3.67	2.85	2.39	0.89	1.00	1.25
C15	1.96	1.70	1.09	1.81	1.68	1.88	1.65	2.26	3.29	3.99	3.36	2.68	1.19	1.46	1.00

B4 判断矩阵计算结果

B4	C1	C2	C3	C4	C5	C6	C7	C8	C9	C10	C11	C12	C13	C14	C15
C1	1.00	1.48	1.64	0.79	0.90	0.66	0.94	0.85	0.37	0.28	0.33	0.47	1.22	1.37	1.47
C2	1.48	1.00	1.73	0.79	0.75	0.66	0.86	0.70	0.33	0.24	0.27	0.39	0.98	1.14	1.23
C3	1.64	1.73	1.00	0.54	0.56	0.45	0.63	0.48	0.29	0.23	0.28	0.36	0.95	0.96	0.94
C4	0.79	0.79	0.54	1.00	1.59	0.94	1.37	0.99	0.40	0.30	0.37	0.66	1.40	1.23	1.41
C5	0.90	0.75	0.56	1.59	1.00	0.71	0.88	0.64	0.28	0.23	0.29	0.41	1.14	1.13	1.12
C6	0.66	0.66	0.45	0.94	0.71	1.00	1.50	1.06	0.48	0.34	0.40	0.57	1.34	1.41	1.65
C7	0.94	0.86	0.63	1.37	0.88	1.50	1.00	0.74	0.42	0.29	0.36	0.51	1.25	1.18	1.38
C8	0.85	0.70	0.48	0.99	0.64	1.06	0.74	1.00	0.53	0.30	0.41	0.68	1.54	1.68	2.12
C9	0.37	0.33	0.29	0.40	0.28	0.48	0.42	0.53	1.00	0.63	0.98	1.42	2.72	2.58	3.13
C10	0.28	0.24	0.23	0.30	0.23	0.34	0.29	0.30	0.63	1.00	2.79	3.49	4.39	4.28	4.44
C11	0.33	0.27	0.28	0.37	0.29	0.40	0.36	0.41	0.98	2.79	1.00	1.77	2.92	3.19	3.60
C12	0.47	0.39	0.36	0.66	0.41	0.57	0.51	0.68	1.42	3.49	1.77	1.00	2.62	2.37	2.77

B4	C1	C2	C3	C4	C5	C6	C7	C8	C9	C10	C11	C12	C13	C14	C15
C13	1.22	0.98	0.95	1.40	1.14	1.34	1.25	1.54	2.72	4.39	2.92	2.62	1.00	1.04	1.27
C14	1.37	1.14	0.96	1.23	1.13	1.41	1.18	1.68	2.58	4.28	3.19	2.37	1.04	1.00	1.35
C15	1.47	1.23	0.94	1.41	1.12	1.65	1.38	2.12	3.13	4.44	3.60	2.77	1.27	1.46	1.00

B5 判断矩阵计算结果

B5	C1	C2	C3	C4	C5	C6	C7	C8	C9	C10	C11	C12	C13	C14	C15
C1	1.00	1.56	1.42	0.96	1.07	0.84	1.11	0.92	0.51	0.38	0.40	0.58	1.23	1.55	1.53
C2	1.56	1.00	1.62	0.94	1.04	0.81	1.25	0.81	0.45	0.35	0.40	0.57	1.10	1.15	1.32
C3	1.42	1.62	1.00	0.83	0.87	0.76	0.80	0.57	0.36	0.29	0.37	0.50	0.88	1.05	1.00
C4	0.96	0.94	0.83	1.00	1.31	0.94	1.06	0.87	0.46	0.34	0.40	0.61	1.08	1.19	1.32
C5	1.07	1.04	0.87	1.31	1.00	0.76	0.94	0.63	0.39	0.30	0.38	0.51	0.98	1.03	1.17
C6	0.84	0.81	0.76	0.94	0.76	1.00	1.34	1.05	0.57	0.43	0.46	0.64	1.15	1.35	1.49
C7	1.11	1.25	0.80	1.06	0.94	1.34	1.00	0.97	0.60	0.39	0.44	0.58	1.17	1.25	1.31
C8	0.92	0.81	0.57	0.87	0.63	1.05	0.97	1.00	0.53	0.36	0.45	0.70	1.28	1.39	1.51
C9	0.51	0.45	0.36	0.46	0.39	0.57	0.60	0.53	1.00	0.59	0.90	1.45	1.98	2.18	2.24
C10	0.38	0.35	0.29	0.34	0.30	0.43	0.39	0.36	0.59	1.00	2.52	2.90	3.52	3.49	3.35
C11	0.40	0.40	0.37	0.40	0.38	0.46	0.44	0.45	0.90	2.52	1.00	1.52	2.25	2.39	2.44
C12	0.58	0.57	0.50	0.61	0.51	0.64	0.58	0.70	1.45	2.90	1.52	1.00	1.91	1.80	1.94
C13	1.23	1.10	0.88	1.08	0.98	1.15	1.17	1.28	1.98	3.52	2.25	1.91	1.00	1.11	1.24
C14	1.55	1.15	1.05	1.19	1.03	1.35	1.25	1.39	2.18	3.49	2.39	1.80	1.11	1.00	1.30
C15	1.53	1.32	1.00	1.32	1.17	1.49	1.31	1.51	2.24	3.35	2.44	1.94	1.24	1.46	1.00

7. 判断矩阵的单排序结果

判断矩阵 A 的单排序结果

A	B1	B2	B3	B4	B5	权重排序
B1	1.00	2.99	3.52	3.24	3.41	0.442 3
B2	2.99	1.00	1.76	2.00	1.94	0.201 5

A	B1	B2	B3	B4	B5	权重排序
B3	3.52	1.76	1.00	1.58	1.48	0.140 6
B4	3.24	2.00	1.58	1.00	1.20	0.111 3
B5	3.41	1.94	1.48	1.20	1.00	0.104 4

$\lambda = 5.064\ 7$　　$CR = 0.014\ 4$

判断矩阵 B1 的单排序结果

B1	C1	C2	C3	C4	C5	C6	C7	C8	C9	C10	C11	C12	C13	C14	C15	权重排序
C1	1.00	1.16	1.68	1.02	1.12	0.63	0.98	1.07	0.61	0.42	0.52	0.70	1.94	1.46	2.05	0.059 2
C2	1.16	1.00	2.51	1.05	1.28	0.83	1.09	1.10	0.60	0.47	0.54	0.79	1.91	1.57	1.89	0.062 8
C3	1.68	2.51	1.00	0.63	0.68	0.41	0.55	0.55	0.32	0.29	0.34	0.44	1.10	1.00	1.09	0.034 1
C4	1.02	1.05	0.63	1.00	1.47	0.84	0.99	1.04	0.50	0.40	0.50	0.74	1.74	1.61	1.66	0.058 4
C5	1.12	1.28	0.68	1.47	1.00	0.49	0.77	0.83	0.37	0.30	0.36	0.49	1.35	1.24	1.43	0.044 3
C6	0.63	0.83	0.41	0.84	0.49	1.00	1.19	1.49	0.64	0.44	0.59	0.79	2.07	1.93	2.23	0.074 1
C7	0.98	1.09	0.55	0.99	0.77	1.19	1.00	1.17	0.73	0.53	0.66	0.87	1.60	1.72	2.03	0.064 2
C8	1.07	1.10	0.55	1.04	0.83	1.49	1.17	1.00	0.49	0.38	0.43	0.70	1.84	1.64	2.10	0.056 2
C9	0.61	0.60	0.32	0.50	0.37	0.64	0.73	0.49	1.00	0.73	1.13	1.47	2.69	2.86	2.89	0.106 6
C10	0.42	0.47	0.29	0.40	0.30	0.44	0.53	0.38	0.73	1.00	2.64	2.89	3.68	3.72	3.76	0.149 6
C11	0.52	0.54	0.34	0.50	0.36	0.59	0.66	0.43	1.13	2.64	1.00	1.84	3.42	3.19	3.52	0.109 6
C12	0.70	0.79	0.44	0.74	0.49	0.79	0.87	0.70	1.47	2.89	1.84	1.00	2.94	2.36	2.52	0.078 2
C13	1.94	1.91	1.10	1.74	1.35	2.07	1.60	1.84	2.69	3.68	3.42	2.94	1.00	0.94	1.19	0.034 0
C14	1.46	1.57	1.00	1.61	1.24	1.93	1.72	1.64	2.86	3.72	3.19	2.36	0.94	1.00	1.46	0.037 3
C15	2.05	1.89	1.09	1.66	1.43	2.23	2.03	2.10	2.89	3.76	3.52	2.52	1.19	1.46	1.00	0.031 5

$\lambda = 15.128\ 3$　　　　$CR = 0.005\ 8$

判断矩阵 B2 的单排序结果

B2	C1	C2	C3	C4	C5	C6	C7	C8	C9	C10	C11	C12	C13	C14	C15	权重排序
C1	1.00	0.90	2.04	0.87	0.94	0.55	1.14	0.98	0.45	0.56	0.68	0.90	2.58	2.44	2.49	0.064 8
C2	0.90	1.00	2.62	0.92	0.91	0.60	1.52	1.03	0.59	0.61	0.74	0.87	2.59	2.15	2.46	0.070 1
C3	2.04	2.62	1.00	0.50	0.52	0.35	0.87	0.43	0.30	0.39	0.45	0.52	1.24	1.24	1.16	0.035 8
C4	0.87	0.92	0.50	1.00	1.17	0.75	1.25	0.84	0.48	0.61	0.71	1.00	2.39	1.82	2.13	0.067 8

（续）

B2	C1	C2	C3	C4	C5	C6	C7	C8	C9	C10	C11	C12	C13	C14	C15	权重排序
C5	0.94	0.91	0.52	1.17	1.00	0.68	1.30	0.92	0.51	0.66	0.81	1.02	2.31	1.87	2.05	0.067 2
C6	0.55	0.60	0.35	0.75	0.68	1.00	2.08	1.33	0.74	0.75	0.85	1.14	2.67	2.07	2.12	0.089 7
C7	1.14	1.52	0.87	1.25	1.30	2.08	1.00	0.72	0.46	0.48	0.53	0.70	1.52	1.40	1.40	0.049 0
C8	0.98	1.03	0.43	0.84	0.92	1.33	0.72	1.00	0.66	0.61	0.69	0.93	2.21	1.84	2.12	0.069 8
C9	0.45	0.59	0.30	0.48	0.51	0.74	0.46	0.66	1.00	0.85	1.14	1.47	2.86	2.67	3.25	0.111 8
C10	0.56	0.61	0.39	0.61	0.66	0.75	0.48	0.61	0.85	1.00	1.92	2.24	3.26	3.09	3.06	0.115 6
C11	0.68	0.74	0.45	0.71	0.81	0.85	0.53	0.69	1.14	1.92	1.00	1.53	2.77	2.50	2.60	0.090 0
C12	0.90	0.87	0.52	1.00	1.02	1.14	0.70	0.93	1.47	2.24	1.53	1.00	2.19	1.84	2.11	0.068 8
C13	2.58	2.59	1.24	2.39	2.31	2.67	1.52	2.21	2.86	3.26	2.77	2.19	1.00	0.73	0.87	0.030 5
C14	2.44	2.15	1.24	1.82	1.87	2.07	1.40	1.84	2.67	3.09	2.50	1.84	0.73	1.00	1.23	0.036 3
C15	2.49	2.46	1.16	2.13	2.05	2.12	1.40	2.12	3.25	3.06	2.60	2.11	0.87	1.46	1.00	0.032 9

$\lambda = 15.117\ 7$ $\quad$ CR$=0.005\ 3$

判断矩阵 B3 的单排序结果

B3	C1	C2	C3	C4	C5	C6	C7	C8	C9	C10	C11	C12	C13	C14	C15	权重排序
C1	1.00	1.14	1.95	0.94	1.07	0.83	1.47	0.91	0.36	0.32	0.41	0.52	1.81	1.39	1.96	0.054 6
C2	1.14	1.00	2.36	0.93	1.05	0.69	1.24	0.69	0.36	0.33	0.40	0.49	1.61	1.25	1.70	0.050 6
C3	1.95	2.36	1.00	0.57	0.56	0.46	0.61	0.37	0.25	0.25	0.30	0.41	0.97	0.87	1.09	0.030 6
C4	0.94	0.93	0.57	1.00	1.20	0.96	1.14	0.88	0.41	0.42	0.49	0.67	1.51	1.36	1.81	0.056 4
C5	1.07	1.05	0.56	1.20	1.00	0.70	0.95	0.67	0.34	0.34	0.40	0.51	1.48	1.36	1.68	0.048 2
C6	0.83	0.69	0.46	0.96	0.70	1.00	1.37	1.03	0.51	0.50	0.54	0.68	1.66	1.65	1.88	0.064 7
C7	1.47	1.24	0.61	1.14	0.95	1.37	1.00	0.64	0.41	0.37	0.43	0.58	1.31	1.24	1.65	0.047 7
C8	0.91	0.69	0.37	0.88	0.67	1.03	0.64	1.00	0.49	0.44	0.55	0.70	1.88	1.63	2.26	0.066 9
C9	0.36	0.36	0.25	0.41	0.34	0.51	0.41	0.49	1.00	0.77	1.06	1.49	3.05	2.79	3.29	0.124 8
C10	0.32	0.33	0.25	0.42	0.34	0.50	0.37	0.44	0.77	1.00	1.83	2.27	3.81	3.67	3.99	0.148 4
C11	0.41	0.40	0.30	0.49	0.40	0.54	0.43	0.55	1.06	1.83	1.00	1.57	3.23	2.85	3.36	0.114 6
C12	0.52	0.49	0.41	0.67	0.51	0.68	0.58	0.70	1.49	2.27	1.57	1.00	2.55	2.39	2.68	0.086 7
C13	1.81	1.61	0.97	1.51	1.48	1.66	1.31	1.88	3.05	3.81	3.23	2.55	1.00	0.89	1.19	0.035 3
C14	1.39	1.25	0.87	1.36	1.36	1.65	1.24	1.63	2.79	3.67	2.85	2.39	0.89	1.00	1.25	0.039 3
C15	1.96	1.70	1.09	1.81	1.68	1.88	1.65	2.26	3.29	3.99	3.36	2.68	1.19	1.46	1.00	0.031 4

$\lambda = 15.085\ 5$ $\quad$ CR$=0.003\ 8$

判断矩阵 B4 的单排序结果

B4	C1	C2	C3	C4	C5	C6	C7	C8	C9	C10	C11	C12	C13	C14	C15	权重排序
C1	1.00	1.48	1.64	0.79	0.90	0.66	0.94	0.85	0.37	0.28	0.33	0.47	1.22	1.37	1.47	0.045 9
C2	1.48	1.00	1.73	0.79	0.75	0.66	0.86	0.70	0.33	0.24	0.27	0.39	0.98	1.14	1.23	0.039 0
C3	1.64	1.73	1.00	0.54	0.56	0.45	0.63	0.48	0.29	0.23	0.28	0.36	0.95	0.96	0.94	0.030 6
C4	0.79	0.79	0.54	1.00	1.59	0.94	1.37	0.99	0.40	0.30	0.37	0.66	1.40	1.23	1.41	0.054 1
C5	0.90	0.75	0.56	1.59	1.00	0.71	0.88	0.64	0.28	0.23	0.29	0.41	1.14	1.13	1.12	0.041 3
C6	0.66	0.66	0.45	0.94	0.71	1.00	1.50	1.06	0.48	0.34	0.40	0.57	1.34	1.41	1.65	0.058 6
C7	0.94	0.86	0.63	1.37	0.88	1.50	1.00	0.74	0.42	0.29	0.36	0.51	1.25	1.18	1.38	0.045 9
C8	0.85	0.70	0.48	0.99	0.64	1.06	0.74	1.00	0.53	0.30	0.41	0.68	1.54	1.68	2.12	0.059 3
C9	0.37	0.33	0.29	0.40	0.28	0.48	0.42	0.53	1.00	0.63	0.98	1.42	2.72	2.58	3.13	0.117 0
C10	0.28	0.24	0.23	0.30	0.23	0.34	0.29	0.30	0.63	1.00	2.79	3.49	4.39	4.28	4.44	0.184 1
C11	0.33	0.27	0.28	0.37	0.29	0.40	0.36	0.41	0.98	2.79	1.00	1.77	2.92	3.19	3.60	0.126 0
C12	0.47	0.39	0.36	0.66	0.41	0.57	0.51	0.68	1.42	3.49	1.77	1.00	2.62	2.37	2.77	0.087 2
C13	1.22	0.98	0.95	1.40	1.14	1.34	1.25	1.54	2.72	4.39	2.92	2.62	1.00	1.04	1.27	0.038 9
C14	1.37	1.14	0.96	1.23	1.13	1.41	1.18	1.68	2.58	4.28	3.19	2.37	1.04	1.00	1.35	0.038 6
C15	1.47	1.23	0.94	1.41	1.12	1.65	1.38	2.12	3.13	4.44	3.60	2.77	1.27	1.46	1.00	0.033 5

λ=15.145 1   CR=0.006 5

判断矩阵 B5 的单排序结果

B5	C1	C2	C3	C4	C5	C6	C7	C8	C9	C10	C11	C12	C13	C14	C15	权重排序
C1	1.00	1.56	1.42	0.96	1.07	0.84	1.11	0.92	0.51	0.38	0.40	0.58	1.23	1.55	1.53	0.055 5
C2	1.56	1.00	1.62	0.94	1.04	0.81	1.25	0.81	0.45	0.35	0.40	0.57	1.10	1.15	1.32	0.049 8
C3	1.42	1.62	1.00	0.83	0.87	0.76	0.80	0.57	0.36	0.29	0.37	0.50	0.88	1.05	1.00	0.040 1
C4	0.96	0.94	0.83	1.00	1.31	0.94	1.06	0.87	0.46	0.34	0.40	0.61	1.08	1.19	1.32	0.047 3
C5	1.07	1.04	0.87	1.31	1.00	0.76	0.94	0.63	0.39	0.30	0.38	0.51	0.98	1.03	1.17	0.049 1
C6	0.84	0.81	0.76	0.94	0.76	1.00	1.34	1.05	0.57	0.43	0.46	0.64	1.15	1.35	1.49	0.059 0
C7	1.11	1.25	0.80	1.06	0.94	1.34	1.00	0.97	0.60	0.39	0.44	0.58	1.17	1.25	1.31	0.051 2
C8	0.92	0.81	0.57	0.87	0.63	1.05	0.97	1.00	0.53	0.36	0.45	0.70	1.28	1.39	1.51	0.059 3
C9	0.51	0.45	0.36	0.46	0.39	0.57	0.60	0.53	1.00	0.59	0.90	1.45	1.98	2.18	2.24	0.103 2
C10	0.38	0.35	0.29	0.34	0.30	0.43	0.39	0.36	0.59	1.00	2.52	2.90	3.52	3.49	3.35	0.160 7
C11	0.40	0.40	0.37	0.40	0.38	0.46	0.44	0.45	0.90	2.52	1.00	1.52	2.25	2.39	2.44	0.112 9

（续）

B5	C1	C2	C3	C4	C5	C6	C7	C8	C9	C10	C11	C12	C13	C14	C15	权重排序
C12	0.58	0.57	0.50	0.61	0.51	0.64	0.58	0.70	1.45	2.90	1.52	1.00	1.91	1.80	1.94	0.081 3
C13	1.23	1.10	0.88	1.08	0.98	1.15	1.17	1.28	1.98	3.52	2.25	1.91	1.00	1.11	1.24	0.047 0
C14	1.55	1.15	1.05	1.19	1.03	1.35	1.25	1.39	2.18	3.49	2.39	1.80	1.11	1.00	1.30	0.043 5
C15	1.53	1.32	1.00	1.32	1.17	1.49	1.31	1.51	2.24	3.35	2.44	1.94	1.24	1.46	1.00	0.040 0

$\lambda = 15.214\ 1$　　　　$CR = 0.009\ 6$

图书在版编目（CIP）数据

农业科技领军人才成长的影响因素研究：以全国农
业科研杰出人才为例/李厥桐等著．—北京：中国农
业出版社，2021.8
  ISBN 978-7-109-28626-9

  Ⅰ.①农⋯ Ⅱ.①李⋯ Ⅲ.①农业技术－科学工作者
－人才成长－影响因素－研究－中国 Ⅳ.①G316

  中国版本图书馆 CIP 数据核字（2021）第 150150 号

中国农业出版社出版
地址：北京市朝阳区麦子店街 18 号楼
邮编：100125
责任编辑：王金环
版式设计：王　晨　　责任校对：刘丽香
印刷：北京印刷一厂
版次：2021 年 8 月第 1 版
印次：2021 年 8 月北京第 1 次印刷
发行：新华书店北京发行所
开本：700mm×1000mm　1/16
印张：15.5
字数：330 千字
定价：68.00 元